Wir bitten Sie, die Entschuldigung zu verspäten!

Markus Koenig

D1729477

Gryphon Verlag

Wir bitten Sie, die Entschuldigung zu verspäten!

Konserviert, verpackt,
eingecheckt und
off-blocks geschickt von

Markus Koenig

Gryphon Verlag

Die Deutsche Bibliothek – CIP Einheitsaufnahme
Ein Titeldatensatz für diese Publikation ist in
Der Deutschen Bibliothek
erhältlich

Verlagsausgabe:

Gryphon 🏰 Edition

München
Druck: Schaltungsdienst Lange – Print on Demand
Berlin
Internet: www.gryphon-verlag.de
eMail: Gryphon.Publishing@t-online.de
MarkusKoenig@gryphon-online.de

ISBN 3-935192-68-1

Inhalt

Ein Statement im Vorfeld

Am Flughafen gibt es zwei Arten von Erlebnissen. Für die eine Art brauchst du sehr starke Nerven, für die andere gute Lachmuskeln.

Eine Betrachtung beider Spezies würde hier zu weit führen. Die folgende Sammlung von etwa 6924 Kurzgeschichten befasst sich daher ausschließlich mit dem zweiten Genre, also den Schoten zum Abrollen.

„Es war einmal an einem sonnigen Tag in Riem…"

So etwa hätte die Einleitung ausgesehen, wenn dieses Buch von den Grimm Brothers geschrieben worden wäre. Aber hier geht es nicht um Märchen: Was auf den folgenden Seiten berichtet wird, sind Fakten, Fakten, Fakten. Absolut wahrissimo. In echt.

„Hey, weißt du, was *mir* vorhin passiert ist…?"

Das klingt besser. Mit diesen Worten fingen nämlich fast alle Geschichten an, die ich im Laufe der letzten Jahre von Kolleginnen und Kollegen gehört habe.

Solche Geschichten gewinnen zwar mit der Zeit an Gags und Pointen, verlieren aber—je öfter sie zum besten gegeben werden—an Qualität: Einerseits werden sie oft zum falschen Zeitpunkt erzählt (etwa vorm Frühdienst, während du gerade versuchst, das linke Auge aufzukriegen); andererseits hast du sie schon in mindestens fünf anderen Varianten von deinen Teamkollegen gehört. Wozu so etwas führen kann, wird deutlich, wenn man sich die haarsträubenden Kurzgeschichten aus dem Alten Testament reinzieht. Zugegeben, Levitikus und Sirach waren keine Airliner im engeren Sinne, aber in ihren Büchern verwendeten sie immerhin dieselbe Diktion wie unsere modernen Vielflieger in ihren Beschwerdebriefen. Wesentlicher Unterschied zwischen Bibel und Airliner-Alltag: Bei uns wird zwar auch hin und wieder falsch gecatert, aber ich weiß mich nicht zu erinnern, dass es deswegen an Bord jemals zu einer wunderbaren

7

Lachssandwichvermehrung gekommen wäre—nicht einmal auf den Linienflügen nach Tel Aviv.

Ich habe mir also erlaubt, einige solcher Geschichten zu sammeln und durch möglichst viele Details zu ergänzen, wobei ich mich ausschließlich an die verlässlicheren Quellen gehalten habe. Kleine Anekdoten habe ich mit mehreren zu Episoden zusammengefasst, und unterschiedliche Versionen von ein und derselben Story habe ich zu einer einzigen verschmolzen, denn so *gaaanz* genau kann sich ja doch nie jemand erinnern, und irgendwem muss ich letztendlich glauben.

So manches aus diesen Geschichten ist mir schon in den ersten drei Dienstjahren passiert. Andere Storys kennen die „alten Hasen" noch aus Riemer Zeiten. Der Inhalt dieser Klassiker ist also—wie eingangs erwähnt—ähnlich zu bewerten wie die Lutherbibel; nur kamen darin nicht so viele englische Fachbegriffe vor. Letztere sind das einzige Übel, das aus diesen Storys auszumerzen ich nicht in der Lage war. Die berühmten „Grundkenntnisse" aus der Schulzeit helfen dir dabei nicht weiter: Entweder du kennst dich aus in der Flughafenmaterie, oder du schaust gnadenlos in deinen Langenscheidt.

Den Kolleginnen und Kollegen, die mir immer wieder mit aktuellen Inputs über die Runden geholfen haben, sei an dieser Stelle aufs Sakrischste gedankt. Ein ganz dickes Bussi geht an meine Münchner Lieblingskollegin, die in einigen dieser Storys vorkommt—und das bei einer Gage, für die Kommissar Rex nicht einmal mit dem Schwanz wedeln würde. Kolleginnen oder Kollegen, die sich beim Lesen wieder erkennen, seid versichert: Ich fühle mit Euch.

Sorry for your cooperation.

Die letzten pinkelnden Boten

Eine Gate-Ansage ist immer etwas Besonderes. Sie wird selbst heute noch, in unserer übertechnisierten Computerwelt, gleichsam „manuell" durchgeführt. Die Ansage kündigt an, wann eingestiegen wird oder, gemessen in *ImbissAir*-Minuten, wie lange der Flug verspätet ist (eine *IA*-Minute entspricht ziemlich genau der Länge der Zeit, die nötig ist, um die Passagiere drei bis zehn Minuten lang hinzuhalten).

Der Inhalt einer Ansage ist—angewandt auf die jeweilige Standardsituation—an sich immer gleich. Nur ihr Stil variiert, manchmal unmerklich, hin und wieder mehr als deutlich. Ob der Spruch auf Hochdeutsch, in gestelztem Hochbayrisch, mit hessischem oder rheinischem Einschlag vorgebracht wird, hört jeder sofort heraus; es sind die versteckten Kleinigkeiten, die das Zuhören im Abflugbereich oft so amüsant machen. Natürlich nur, wenn man gerade nicht das Handelsblatt auswendig lernt oder mit dem neuen Nokia rumspielt.

Du hast Stress, 20 Minuten Verspätung wegen Flugzeugumlauf, der Tanker lässt auf sich warten, und der erste PAX-Bus gondelt noch in Hallbergmoos rum. Die übliche Fragerei am Gate: „Wie viel Verspätung haben wir denn heute wieder!?" Dann, etwas überraschend für deine Begriffe, die Rampe an der Strippe: „Bitte sofort einsteigen!" Gott sei Dank ist der Bus inzwischen da. Du bist erleichtert, wischst dir den Schweiß von der Stirn, reißt das Mikro vom Pult und erschallst:

„Guten Morgen und so weiter, wir bitten Sie, die Bordkarten bereit zu halten und vor Verlassen des Warteraumes nicht mehr zu rauchen…"

Dann auf Englisch: „… kindly ask you to refrain from boarding now and to keep your smoking passes ready…"

Und von nebenan erfährst du, dass die Brüssel am Eingang B 5 aussteigebereit ist.

Aus den Ansagen spricht jedoch nicht immer nur Verwirrung. Vielmehr kommen innigste Gefühle zum Durchbruch, etwa die heimliche Abneigung einer ehemaligen Kollegin gegenüber gewissen Fluggästen:

„Dies ist nun der absolut letzte Aufruf für *IA*-Flug 851 nach Düsseldorf. Die drei fehlenden Parasit... Passagiere werden umgehend zu Ausgang A 16 gebeten..."

Eine Kollegin fernöstlicher Herkunft brachte ihre intimsten sexuellen Fantasien zum Ausdruck, als sie eine Chartermühle nach Sitzreihen aufrief: „... möchten wir Sie bitten, das Flugzeug von hinten zu besteigen..."

Die Kollegin, die ihr anschließend beizubiegen hatte, wie man so etwas unverfänglicher ausdrücken kann, benutzte zunächst eine zoologische Analogie aus dem Bereich der Unpaarhufer, um ihr die Zweideutigkeit ihrer Ansage vor Augen zu führen.

Dann war da noch die besorgte Mutter, die bei der *GelbschwanzAir* alle „Kinder mit kleinen Eltern" zuerst an Bord bat. Solche Leute sind ja auch dem Gedränge größerer Passagiere hoffnungslos ausgeliefert.

Besonders nett wird's immer bei technischen Problemen. Folgende Situation (ich will versuchen, sie ungefähr zu rekonstruieren): Flieger kommt rein, wegen Blitzschlag ist irgendwas an der Avionik im Eimer, und die Kollegin am Gate erfährt, dass die Techniker bereits basteln. Es wird auch nicht länger dauern als eine halbe Stunde, drei mal Ehrenwort.

Die Kollegin hat—wie die meisten von uns—nicht viel Ahnung von Flugzeugtechnik, versucht aber redlich, den Gästen den Grund der Verspätung plausibel zu machen:

„Wegen eines technischen Problems aufgrund von Blitzschlag kommt es zu zirka 30 Minuten Verspätung.

Die Techniker sind zur Zeit dabei, den Fehler zu beseitigen..."

Dann schlägt unweigerlich das Schicksal zu, und zwar in Form der englischen Übersetzung:

„As our aircraft was destroyed by lightning, we have a delay of ssirty minutes."

Wenn Verspätungen innerhalb der Hauptverkehrszeit auftreten, wird die Qualität der Ansage spätestens durch ihre—nicht immer ganz wortgenaue—Wiederholung im Englischen beeinträchtigt.

„We do excuse your patience..."

Was daran besonders auffällt, ist die Tatsache, dass in der Muttersprache meistens höflich um den heißen Brei herumgeredet wird, während dann im angelsächsischen Idiom eine geradezu kindhafte Ehrlichkeit zu Tage tritt:

„Meine Damen und Herren, *ImbissAir* 1042 nach Köln ist nun für Sie einsteigebereit am Ausgang A 18... Ladies and gentlemen, *ImbissAir* is ready for you now at gate A 18!"

Und was machst du, wenn dir zehn Minuten vor Abflug die üblichen drei Leute fehlen? Namentlich aufrufen? Oh nein, nicht beim ersten Mal. Schließlich unterscheiden wir zwischen drei Kategorien von „letzten dringenden Abrufen": dem Shopping-Abruf (um die Leute aus dem Duty-free zu pfeifen), dem Lounge-Call (so was wie ein Weckruf im Hotel) und dem öffentlichen Heuler (außerhalb der Abflug-Warteräume). Und in unserem Fall wäre alles außer Kategorie 1 reine Verschwendung. Schließlich sind die drei Schnarchzapfen nicht prominent.

Du räusperst dich also feierlich und bellst: „The last pissing messengers are urgently requested to proceed!"

Wo ist denn Barcelona?

Abflughalle A ist brechend voll. Eine Ansage jagt die nächste. *IA*-Flug X nach Y ist bei Ausgang Z zum Einsteigen bereit, und hört endlich mit der blöden Qualmerei auf. Das übliche Geschrei der Griechen, die mit *Fünfring*-Tickets bei Gate B 19 in unsere Maschine nach Saloniki einsteigen wollen. Das übliche Geschrei kleiner Kinder, die übliche Horde UMs bei der London.

Du sitzt an deinem Gate, füllst den File deiner überbratenen Genf aus, 80 Sitze, 85 gebuchte Zusteiger, schickst eine ältere Dame inbound ex Zürich nach Dresden, schickst eine andere, etwas jüngere outbound zum Klo und prüfst deinen Umlauf, als ein Kleidersack mit Pilotenköfferchen und Handy auf dich zu stürmt und atemlos hechelt: „Wo ist denn Barcelona?"

„In Spanien," antwortest du wahrheitsgemäß.

„Ist das da drüben?" fragt der Kleidersack, unbestimmt mit seinem Handy irgendwohin deutend. Der Einfachheit halber—schließlich hast du deinen Kompass nicht dabei—sagst du „ja." Der Kleidersack ruft nur kurz seine Mutter an, teilt ihr mit, dass er gerade am Flughafen ist und dass er gewiss verspätet ankommen wird, immer diese *ImbissAir*, nicht wahr, und läuft weiter in Richtung Spanien. Inzwischen löst sich dein Gate-Monitor in Wohlgefallen auf, und die Genf zieht pünktlich zur Einstiegszeit um nach A 15. Dein Frühdienst geht in ein interessanteres Stadium über.

Aber alles geht vorbei. Die Stoßzeit nähert sich dem Ende, die Halle leert sich, auch deine Griechen haben endlich ihren Flieger gefunden, und als du schließlich deine Abschlussarbeiten beendet hast und gerade die Treppe hoch schlurfen willst, kommt noch ein eiliges Handy auf dich zu.

„Sehen Sie Kairo!?" schallt es dir entgegen.

Meistens ist es ja so: Du bekommst rudimentäre Wortgruppen an den Kopf geschleudert und kannst der Gestik, der zerknüllten Bordkarte in der Hand und dem verlorenen Aussehen des Fragers ungefähr entnehmen, dass er das Abfluggate seines Fluges sucht. In diesem Fall jedoch machte der Handyträger den Fehler, dass er unverschleierte Grammatik mitlieferte. Eine vollständig vorgebrachte Frage ist heute schon eine ziemliche Seltenheit. Dafür sollte er seine Belohnung erhalten: Die Kollegin legte den File aus der Hand, formte mit den Händen ein Fernglas, hielt sie an die Augen, fokussierte die Optik, drehte sich zum Fenster und linste aufs Vorfeld hinaus.

„Nein," meinte sie, „ich kann nur bis Freising gukken."

Hildegard

Eine bisher nicht widerlegte Theorie über die Kommunikationsbereitschaft unserer Passagiere lautet: „Das Verhältnis von der Menge der jährlich abgeflogenen Meilen zur Menge der mit Check-in-Personal gewechselten Worte ist umgekehrt proportional." Mit anderen Worten: „Je mehr er fliegt, desto weniger er spricht."

So musste sich eine Kollegin in den Zwanzigern am Ausgang B36 die Frage gefallen lassen: „Sind Sie 36?"

Nun sah sie damals wirklich erst wie, na, sagen wir mal 17½ aus. Klar, dass sich da eine gewisse Empörung einstellte—zumal es einen Passagier doch wirklich einen feuchten Kehricht angeht, wie alt die Manifestiererin seines Fluges ist. Bezeichnend ist, dass der Gast auf ihr schlagfertig vorgebrachtes „Na hören Sie mal, es ist zwar früh am Morgen, aber so grauslich schau' ich doch wirklich nicht aus!" nur mit fragendem Blick und vielfliegerhaftem Unverständnis reagierte.

In dieselbe Kategorie fällt das immer wiederkehrende, bei gut frequentierten Flügen oft gebrauchte „Sind Sie voll?", wo doch jeder weiß, dass wir alle—außer gewissen bayrischen Stammgästen der Zirbelstube—während des Dienstes Alkohol in jeglicher Form streng ablehnen.

Die häufigsten Fragen jedoch drehen sich (wie überall) um Sex. Dazu muss ich vorausschicken, dass unser Check-in den Kollegen von der FMG viel Arbeit abnimmt: Ob es nun das Klo, die *Germanische InselAir* oder der TUI-Schalter im Zentralbereich ist, wir geben Auskünfte, dass die Heide wackelt. Sicherlich ist das ein Service, den *IA*-Kunden von uns erwarten können. Aber wenn man demnächst noch Sexualberatung von uns verlangt, will ich mein eigenes Büro mit Plüschsessel und rosa Telefon. Oder wie habe ich so was zu deuten:

„Ich wär' normal erst um halb acht gekommen. Kann ich auch eher…?" oder dieses (was mir bei Männern immer ein wenig suspekt klingt): „Ich hatte Stau. Nehmen Sie mich trotzdem?" oder: „Der Automat hat mein Ding gefressen. Schauen Sie doch mal, dass Sie das Dings da unten rauskriegen, sonst platzt alles, und kann ich hier derweil 'nen Koffer stehen lassen?"

Fragen über Fragen. Sie drehen sich um Ankunft und Abflug. Sie machen auch vor Supervisors nicht Halt. „Wo geht's denn hier zur Departur?" wollte jemand von unserer Teamchefin wissen. Die Antwort kam wie aus der Pistole: „Do, glei neber'm Arriwahl."

Zwei Schalter sind für nervtötende Fragerei prädestiniert: der First Class, weil man dort selten anstehen muss, um eine Frage loszuwerden, und der neue Handgepäckschalter bei der Security, weil dort jede Menge Leute auf ankommende Passagiere warten.

„Sie, i hätt a Frog. Wissn's, mei Schwester war drei Wocha in Frankreich, bei de Franzos'n is' gwen, und heit sogt's kimmt's wieder hoam. Aber i hob's no net g'sehn, do wo d'Leit nauskemma, un jetza woit i wissn ob Sie des nausfinden kannt'n, ob die überhaupt auf dem Flieger kimma is. Sunst miaßat jo i do gar net wart'n…"

Die Kollegin versucht, den Redefluss etwas einzudämmen: „Die werte Schwester kommt von Paris?"

„Jo des hot's mir am Handy g'sogt, wia's mi gestern o'gruafa hot. Und mei Mo is ja des nimmer gwehnt, auf d'Autobahn fahr'n, der sicht nimmer so guat, aber i hob g'sogt, mir wer'n di scho abhoin, und do sogt's, sie kimmt nachhert um dreiviertel Oans…"

„Ah ja," erwidert die Kollegin. „Wie heißt denn Ihre Schwester?"

„Hildegard."

Männliche Intuition

Du arbeitest am Check-in, hast eine Ausbildung in der Reise- oder Hotelbranche—also effektiv nichts Gescheites gelernt—und bist geistig etwas rückständig.

So denken zumindest die wenigen hunderttausend Vielflieger, denen wir Tag für Tag aufs Neue erklären müssen, wo's lang geht.

Manche sind ja nett, ohne Zweifel. Sie sind höflich, checken eine Dreiviertelstunde vor Abflug ein, packen ihr Handy weg, bevor sie mit dir reden, legen dir ihre Tickets hin, erzählen dir sogar, dass sie auf was Früheres umgebucht haben, und sagen „Guten Tag", bevor du überhaupt mit einer Wimper zucken kannst. Dieser Vielflieger-Typus hat leider keine Platzreservierung und kriegt von dir nur noch 23E, weil die Mühle schon fast voll ist. Dafür schenkt er dir ein Lächeln und meint: „Macht doch nichts; Hauptsache, ich komme noch mit!" mit dem Resultat, dass du für den Rest des Tages ein schlechtes Gewissen hast.

Wenden wir uns jedoch dem Regelfall zu: Ein Silberling mit Handy und offenem Laptop in der Linken, den Pilotenkoffer und eine Ausgabe der Financial Times unterm Arm, den Kleidersack in der verkrampften rechten Hand, eilt 21 Minuten vor Abflug auf deinen Schalter zu und ruft dir schon von weitem entgegen: „Können Sie mir sagen, ob mein Kollege schon auf der Elf-Uhr-Maschine sitzt?!"

Na, nichts einfacher als das! Um die Zeit haben wir ja nur Chicago, London, Athen und 20 innerdeutsche Verbindungen zur Auswahl. Du schenkst dem Herrn ein zuversichtliches Nicken und schickst drei Finger tippbereit in Richtung Tastatur.

„Der Herr Seifert? Haben wir gleich…"

Dein Profi-Flieger stutzt etwa dreimal, bevor er dich bremst. „Neenee, das ist der Herr Schnoor. Der Seifert sitzt in der Buchhaltung und muss nicht jede Woche nach Köln…"

Er stutzt ein viertes Mal, sein Gesicht beginnt sich allmählich aufzuhellen, er setzt seine 2,9 Handgepäckstücke ab, massiert kurz seinen rechten Arm und produziert schließlich ein Ticket aus seinem Jackett.

„Ach, ich hatte Ihnen ja noch kein… das können Sie ja gar nicht… die Köln-Maschine meinte ich… ist da noch… hätten Sie da was am Gang…?"

Du checkst ihn ein, gibst ihm 12D neben Herrn Schnoor und schickst ihn gleich zum Ausgang. Noch im Gehen dreht er sich verwundert um: „Aber jetzt sagen Sie mal: woher kennen *Sie* unseren Eddi Seifert?"

Tja, das ist eben männliche Intuition.

Immer diese Vorurteile

Gewisse Gespräche, die du am Check-in mit gewissen Passagieren führst, neigen dazu, einen gewissen Eindruck in dir aufkeimen zu lassen—einen Eindruck, der mal schlechter, mal weniger gut ist und den man allgemein Vorurteil nennt. Solche Vorurteile sind natürlich gänzlich aus der Luft gegriffen, sobald es um Charter-Passagiere geht.

Es ist fünf Uhr morgens. Du sitzt gemütlich in Z bei der Antalya und hast eine achtköpfige Gruppe junger Gockel vor dir, denen bereits ein beachtlicher Weißbiergehalt sowie ein aggressiver schwäbischer Dialekt anhaftet. Ein Blick auf das unübersehbare Meer aus Reisetaschen und Rucksäcken, das sich vor deinem Schalter ausbreitet, verheißt nichts Gutes, zumal untereinander noch fix die neuesten Playboys und Autobilds ausgetauscht werden. Nachdem die beiden Kästen Erdinger auf mehrere prall gefüllte Taschen verteilt sind, wagst du den Leithammel der Gruppe höflich zu fragen, wie viele Gepäckstücke man denn so insgesamt aufzugeben gedenke. Daraufhin zuckt Manni etwas unschlüssig mit dem Inneren seiner Rambojacke und erklärt:

„Ja mei! Alle halt!"

Neben den Vorurteilen gegenüber minderbemittelten End-Pubertierenden existieren ebenso gute für diverse Volksstämme. So kann zum Beispiel ein einfacher Sachse aus der Leipziger Gegend für Check-in-Agenten zu einer ernsthaften Gefahr für Leib und Leben werden, wenn er a) über einen gültigen Pass verfügt und b) mit *Himmelblau Reisen* gebucht hat.

Dies Vorurteil kam durch ein Ehepaar in mittleren Jahren zustande. Es trat im klassischen DDR-Look auf: Sie trug einen aschgrauen Faltenrock, der mich an unsere alte Stehlampe erinnerte; er war in schlichtes Dunkelblau gekleidet. Seine blaugrau ausgewaschene Windjacke hätte Onkel Erich ein erregtes Stöhnen entlockt. Die Windjacke gab zwei Köfferchen mit insgesamt 21 kg auf. Danach erkundigte sich seine Stehlampe nach der Differenz.

„Nach der bitte was und wovon?" fragte die Kollegin am Schalter unvorsichtigerweise.

„Na, dr Diwwerenz zwüschn ünsere eenzwanzsch Gillö un dem was erlööbd is," erfuhr sie in fließendem Neufünfländisch. „Un des, was mer an Freijebäck nisch jebroocht ham, des zahlnse üns jefällischst wieder zerick."

Nur zum Lesen

Er war aus der Passage genauso wenig wegzudenken wie Charlie Chaplin aus der amerikanischen Filmgeschichte. Längst haben sie sich herumgesprochen, die Storys vom wohl kleinsten Original mit den größten Ohren, die die *ImbissAir* je in ihren Reihen gehabt hat. (Den Namen dieses altehrwürdigen indischen Geschlechts verschweigen wir aus Gründen der Diskretion.) Der Meister der Bag-ID und Allround-Check-in-Profi, um den es im folgenden Kapitel geht, ist inzwischen pensioniert, aber noch nicht ganz von der Bildfläche verschwunden: Als Einsteigehilfe am Gate—eine Tätigkeit, für die er eine gewisse Berühmtheit erlangt hat— treibt er auch weiterhin sein Unwesen.

Wir kennen es zur Genüge: Halle A platzt aus allen Nieten, jeder kommt auf den letzten Drücker, die W-Tarife mit den dicken Einkarätern stehen am Firstclass-Schalter, Muttchen braucht eine Dackelgarage für ihr rasendes Haarteil, Väterchen parkt noch fix den Daimler, und Herr von Schlumpfhausen besteht auch drei Minuten vor Abflug noch auf Platz 2D. In einige der Schlangen kommt etwas Unruhe; auf den Gesichtern der Kolleginnen breiten sich hektische Hitzeflekken aus; in ihren Augen spiegelt sich das *Tilt!!*. Das, so die Profis, ist dieses verdammte Gateway, jeder dritte Computer geht nicht, meine Herrschaften, Sie sehen's ja, bitte bei der Nachbarin, und da geht's auch nicht.

In einer allgemeinen Atempause, in der als Dreingabe noch das Gepäckband ausfällt, erhebt sich oben genannter Experte, der inzwischen auch erkannt hat, dass sein Rechner nicht läuft, formt mit den Händen ein Sprachrohr vor dem Mund (wodurch er seine—wie bereits erwähnt—beachtlichen Ohrwascheln aus der Gefahrenzone bringt) und verkündet quer über die Schalterreihe hinweg: „Meiner steht! Habt ihr auch alle sechs!?"

(Nachforschungen haben ergeben, dass sich diese Aussage auf sein Terminal-Gateway bezog und nicht, wie zunächst fälschlicherweise angenommen, auf irgendwelche spontanen Körperfunktionen.)

Große Ohren sind besonders irreführend, wenn sie scheinbar nur dazu dienen, starke elektronische Hörgeräte zu verstecken. Wenn zusätzlich durch permanentes Weglassen einer dringend benötigten Sehhilfe die Augen eines Luchses vorgetäuscht werden, kennt sich keiner mehr aus. Die Illusion ist perfekt, zumindest so lange, bis besagte Ohren als Einsteiger am Gate auftauchen.

So richtig in die Hose gegangen ist eigentlich nie was, wenn *ER* Einsteiger war. Beim Zählen ergänzten sich seine Elfer-Stapel meistens plus minus null mit den Neunern. Es ging, seinem indischen Gleichmut entsprechend, gemächlich vonstatten, aber es ging. Nur erlaubte es ihm seine großherzige Seele des öfteren, die Passagiere, die unbedingt irgendwo einsteigen wollten, auch einsteigen zu lassen, ob sie nun Bordkarten für Lissabon oder für den *Orientteppichflugdienst* nach Ankara hatten. Einmal platzte einem unserer eingeborenen Supervisors der Kragen.

„Jetza hast mir'n vierten Blindgänger durchlassn. Zefix nochamoi, für was hast dir dei Bruin kauft, wannstas net hernimmst! Hearn doast nix und blind bist aano! Setz des Spekuliereisen auf und schau dir de Flugnummern o, sonst konn i glei oan vom Cleaning herstei'n!"

Der Besitzer der etwas weitsichtigen Luchsaugen war zutiefst gekränkt. „Brauche keine Brille," erklärte er knatschig. „Brille brauch ich nur zum Lesen."

Zweckentfremdet

Der Handgepäck-Konturrahmen, den die *ImbissAir* an allen ihren Gates aufgestellt hat, ist von der Idee her eine runde Sache: formschön, handlich, für den Herren, für die Dame, für das Kind, zeitloses Design mit werbewirksamer Front und—zwecks höherer Mobilität—hinten mit zwei kleinen Rollen versehen. Kurz: ein Möbelstück, das zwar völlig nutzlos, dafür aber um so teurer war.

Dass von unseren Passagieren tatsächlich jemand hergeht und seine 2,9 tonnenschweren Köfferchen auf ihre Maße hin prüft, damit hatte ohnehin nie einer gerechnet. Wer will sich schon vor den anderen Profi-Fliegern lächerlich machen? Das Zeug passt, hat immer gepasst, war noch nie ein Problem, einen stopf' ich oben rein, den Kleidersack hängen wir in die Garderobe, und das Laptop brauch' ich gleich für den Beschwerdebrief an meinen Freund Knüpfer.

Die Konzeption des HKR zielte lediglich auf das Gewissen der Fluggäste ab: Wer sich mit einem offensichtlich zu großen Bordcase öfters an diesen Rahmen aus unbestechlichem Stahlrohr vorbeischleichen muss, wird vielleicht doch irgendwann weich und lässt sein Klapprad und die antiken Kerzenleuchter zu Hause…

Pustekuchen. Wo kein Gewissen ist, lohnt es sich auch nicht, daran zu appellieren.

Wozu könnte der HKR also noch dienlich sein…?

Die Antwort auf diese Frage erhielten die Kolleginnen Hulsebosch und Mayr (Namen v. d. Red. original übernommen) eines Tages am Gate ihrer Frankfurt. Die beiden waren mit Vorbereitungen ihres Fluges beschäftigt; Frau Mayr manifestierte, Frau Hulsebosch fungierte als „Einsteigerin". Noch 40 Minuten bis Abflugzeit, zögerndes Einchecken am Gate.

Plötzlich rechts, so aus den Augenwinkeln, eine Bewegung bei der Glastür. Unsere beiden Gate-Mädels halten den Atem an und erstarren förmlich zu Salzsäulen: Will da tatsächlich jemand... sein *Handgepäck*... auf *vorschriftsmäßige Maße* hin... Ihr wisst schon...

Nein. Die beiden Kolleginnen erwachen nur allzu rasch aus ihrem Wunschtraum, denn hier geschieht etwas ganz Anderes: Der HKR wird entführt!

Ein kleiner, älterer Herr, der einige Minuten lang (sehr zum Erstaunen unserer beiden Kolleginnen) damit beschäftigt gewesen war, sein Köfferchen und seine Aktentasche in den dafür vorgesehenen Rahmen hineinzuzwängen, hatte das Teil kurzerhand gekapert und wollte sich mit seiner Beute auf dem schnellsten Weg zur britischen Konkurrenz begeben, indem er den HKR wie eine Sackkarre vor sich her schob.

Die Frage war nun: Wer sagt es ihm? Und wie bleibst du bei so was ernst? Frau Mayr sah Hilfe suchend zu Frau Hulsebosch, die bereits keine Luft mehr bekam und ihr unmissverständlich klar machte, dass sie nur die Einsteigerin war, also, Frau Mayr, ran an den Speck.

Nach einigen Schwierigkeiten war die Lage schließlich geklärt. Man organisierte einen durchschnittlich ausge-statteten Handgepäckwagen für den Herrn, so dass der HKR nicht in Terminal D eingesammelt zu werden brauchte, und die Frankfurt konnte trotz einiger halb verschluckter Gluckser seitens Frau Hulsebosch und einigem Gekiekse von Frau Mayr pünktlich abgeschlossen werden.

Schade eigentlich: Der erste, der den vermaledeiten Handgepäckrahmen praktisch nutzen wollte, wurde an seinem Vorhaben gehindert. Wahrscheinlich hat er bis heute nicht begriffen, dass er den HKR als solchen total zweckentfremdet hatte.

Fährtensucher

Im Nordflügel von Abflughalle A gab es mal einen zusätzlichen Handgepäckschalter, der sporadisch durch einen Mitarbeiter der Passage besetzt wurde. Er war nicht sehr lange in Betrieb, weil sich irgendwann herausstellte, dass die Geschäftsflieger lieber gleich bei den benachbarten Automaten eincheckten. Viele meiner Kolleginnen und Kollegen mochten ihn deshalb nicht, zumal sich die wenigen Check-in-Vorgänge auf fantasielose Point-to-Point-Verbindungen beschränkten. Man war schlichtweg nicht ausgelastet—es sei denn, man konzentrierte seine Aufmerksamkeit auf die nähere Umgebung.

Genau gegenüber befindet sich eine jener schrägen Rampen, die schon so manchem ortsfremden Besucher zum Verhängnis geworden sind. Denn diese Rampen haben einen entscheidenden Haken: Sie bewegen sich, sobald man drauf latscht.

Es ist eine Standardsituation: Ein Silberling zerrt seine aufgedonnerte Begleitung im schwarzen Plastikmantel zielstrebig in Richtung Sicherheitsschleuse, die sich genau vor seiner Nase durch die typischen Torsonden, eine grüne Ampel, Durchleuchtungsanlagen und sich anund ausziehende Fluggäste offenbart, wirft einen überlegenen Blick auf die Szenerie und kommt zu dem Schluss: *Das* kann's nicht sein. Statt dessen lenkt er seine Schritte in Richtung Laufband, setzt das Ding in Gang und verschwindet triumphierend abwärts. Denn man hat ihm ja gesagt, dass die Gates A1 bis A8 im Untergeschoss zu finden sind, und seine Abkürzungen sind ohnehin besser als die Wegbeschreibung irgendeiner Check-in-Mieze. Das wär' ja gelacht, und überhaupt! Der deutsche Vielflieger kann sich gar nicht irren.

Wenn unser Handyträger samt seiner Plastikpuppe im Untergrund verschwunden ist, braucht es nur etwas

Geduld. Du legst dein Rätsel beiseite, lehnst dich zurück und wartest ab. Es dauert nur ein paar Minuten, bis der tapfere Fährtensucher abermals an dir vorbei hastet, diesmal mit errötetem Konterfei und einem vorwurfsvollen Seitenblick, der ungefähr so etwas wie „Das hätten Sie mir auch eher sagen können!" ausdrückt. Derweil hörst du seine Blondine zetern: „Wenn man *dir* schon was glaubt… ich *wusste* es, ich wusste es *vorher*! Wenn du nur nicht immer so *rechthaberisch* wärst! Jetzt kann ich mir den Duty-free *ab*schminken…"

Manchmal geht es auch schneller: Die sportlicheren Typen erscheinen schon nach wenigen Sekunden wieder auf der Bildfläche. Sie joggen entschlossen gegen die unbarmherzig dahin gleitenden Elemente des Laufbands zu Berge, langsam aber sicher Raum gewinnend, Meter für Meter ein Erfolg gegen die Technik, den Flughafen, die Airline und überhaupt. Vom Schalter aus ist solch ein Anblick einen ganzen Vormittag auf A-Nord wert: Zunächst erscheint der hochrote Kopf des unfreiwilligen Joggers (klar—wenn dich jeder beobachtet, kriegst du irgendwann Lampenfieber); danach folgt der Oberkörper mit den beiden steif herab hängenden Armen, von denen die obligatorischen Pilotenkoffer gehalten werden; und schließlich die Beine, die—ebenso wie der restliche Vielflieger—in dezenten Börsenlook gehüllt sind. Es fehlt nur der Schlips, der vor lauter Spekulationen über die linke Schulter hinweg zum Hintern zeigt.

Es ist nicht immer einfach, diese Leute das Gesicht wahren zu lassen und so zu tun, als hätte man nichts gesehen—zumal sie dann in 50% der Fälle bei dir auftauchen und, pffft, das Bordcase vielleicht doch lieber—pffft!—doch lieber aufgeben…

Die Stunde der Trennung

Für einen durchschnittlichen Tag in der Passage gibt es kein Kochrezept. Entweder schwimmst du mit, oder du gehst hoffnungslos unter. Gewisse Kolleginnen sind gegen Unregelmäßigkeiten sowieso immun: Das sind die, die auf die Frage „Wie viel Verspätung haben wir denn heute wieder?" mit der Gegenfrage „Wie viel hätten Sie denn gern?" aufwarten.

Andere haben's da schon schwerer.

Nehmen wir zum Beispiel den *GelbschwanzAir*-Fall vom 27. März. Eine Kollegin sitzt am Schalter in Z und schaufelt Ballermann-Kundschaft. Anzumerken ist, dass der Gast, um den es geht, durchaus nicht der erste war, der für diesen Flug eincheckte, sondern gewiss 20 oder 30 Leute beobachten konnte, die vor ihm dran waren.

Er kramt nervös seine Tickets aus seinem Rucksack, den er zur Vorsicht mit einer 3-Liter-Flasche Baldrian bestückt hat, und lupft mit einiger Anstrengung seinen Samsonite, linksdrehendes Polypropylen mit rechtsdrehenden Zahlenschlössern, aufs Band. Es folgt der übliche Smalltalk—Fenster mit ohne Flügel, gaaanz weit weg von den Rauchern, dass es die überhaupt noch geben muss, nicht wahr, unmöglich so was—und die Kollegin, die ihm längst den Fensterplatz an der Nasenspitze angesehen hat, bemüht sich redlich, seinen reservierten Raucherplatz am Gang entsprechend zu modifizieren. Derweil hat sie die linke Hand am Drücker, sie drückt und drückt, ihr Daumen verkrampft sich auf dem „Run"-Knopf, das Band beginnt allmählich zu qualmen—doch nichts passiert. Lediglich die Anzeige „Summe nicht geeicht" spuckt weiterhin unbeirrbar ihre 20 kg aus.

Nachdem alle Tags und Bordkarten ausgedruckt sind, will die Kollegin den Koffer mit seinem Kleberle versehen—und greift ins Leere. Sie sieht verwundert auf, und ihr Blick fällt auf den Besitzer der 20 kg, der sein sauer gepacktes Gepäck um keinen Preis der Welt aufgeben will: Mit einem Gesichtsausdruck wie Henry Maske beim Tiefschlag klammert er sich an den Griff seines Koffers, der offensichtlich dabei ist, für alle Zeiten aus seinem Leben zu verschwinden. Erst, als die Kollegin den teuflischen Knopf loslässt, atmet er hörbar auf und wischt sich den Schweiß von der Stirn.

„Eh…" Die Kollegin, die erkannt hat, dass der Mann nicht so ganz kapiert, was momentan mit seinen Sachen geschieht, weiß nicht recht, wie sie es ihm klar machen soll. „Wenn Sie noch was aus dem Koffer brauchen…"

„Neinnein!" Er starrt weiterhin ängstlich seinen Koffer an.

„Na, dann werden Sie sich aber irgendwann mal von ihm trennen müssen," erläutert die Kollegin, die inzwischen alle Mühe hat, sich das Lachen zu verbeißen.

Der Gast ist entsetzt: „Ja wie! Wo kriege ich den denn wieder!?"

„Auf Mallorca."

„Ja *wo* denn da?!"

„Nun," meint die Kollegin, „auf Flughäfen ist es allgemein üblich, dass das Gepäck bei der Gepäckausgabe rauskommt. Das wird auch in Palma nicht anders sein. Folgen Sie einfach der Meute: Da wollen ungefähr 300 Leute ihr Gepäck wiederhaben. Wenn Sie jetzt freundlicherweise Ihren Koffer loslassen…?"

Der Mann wusste nicht mehr, wie ihm geschah. „Und wie soll *mein Koffer* da *hin*kommen?!?"

„Mit," erwidert die Kollegin, „demselben Flugzeug, mit dem *Sie* hinkommen."

Kochrezept?

Augen zu und tief durchatmen.

Verstehen Sie Charters?

Bei Charterflügen erlebst du Sachen, die gibt's gar nicht. Oder sie kommen dir zumindest so vor. Tatsache ist, dass ich mich bei einigen Urlaubern schon gefragt habe, wie sie es überhaupt von ihrer Wohnung bis zur S-Bahn geschafft haben. Oder gar bis zum Flugplatz. Aber da ist es ja dann auch endgültig mit der Orientierung vorbei.

Unlängst entspann sich folgendes Gespräch zwischen einer Dame Anfang vierzig und einer Kollegin am Check-in-Schalter im Zentralbereich. Setting: *Gelbschwanzair*, nicht viel los, drei Schalter besetzt, offenes Lining, gemütliches Einchecken, ein paar wichtige Golfer stehen rum und plaudern von den Zeiten, als die Mitgliedschaft noch unter 50.000 DM kostete (heute würde man sagen: 60.000 •). Besagte Dame sieht unschlüssig zwischen den Schaltern hin und her und entscheidet sich dann für den unserer Lieblingskollegin.

„Sie, ich hab da ein Problem…"

„Grüß Gott," erwidert die Kollegin. „Welcher Art ist denn Ihr Problem?"

„Ja wissen's, ich müsste nämlich zum Flughafen…"

Die Kollegin blickt Hilfe suchend zu ihrer Nachbarin, aus deren Richtung sie jedoch nur ein halb verschlucktes Kieksen vernimmt. Sie ist also auf sich allein gestellt.

„Eh… Sie *sind* am Flughafen."

„Ach was!" Einen Augenblick lang besinnt sich die Dame auf ihre unmittelbare Umgebung—und holt dann zum nächsten Schlag aus: „Ich müsste nämlich zur *Gelbschwanzair*!"

Unsere Kollegin beginnt, den Check-in-Bereich aus den Augenwinkeln nach versteckten Kameras abzusuchen. Aber für Paola ist ihr Gegenüber ungefähr 15 cm zu groß.

„Auch das," entgegnet sie mit einer Engelsgeduld, „haben Sie offensichtlich schon bewerkstelligt. Sie *sind* hier am *GelbschwanzAir*-Check-in."

Sie entschließt sich, das Gespräch selber in die Hand zu nehmen. „Was hätten's denn gebraucht? Möchten Sie für Heraklion einchecken…?"

„Neinnein!"

„Oder vielleicht was umbuchen?"

„Tja… so genau kann ich das nicht sagen!"

„Aber Sie fliegen schon mit der *GelbschwanzAir*."

„Tja…!"

Die Kollegin kommt auf eine Idee. „Wohin," fragt sie, „soll's denn gehen?"

„Das weiß *ich* doch nicht," ist die Antwort.

Nein, es sind tatsächlich keine versteckten Kameras im Spiel. Sonst müsste sich Conny in seinem blauen Loader-Overall spätestens jetzt als Kurt Felix entpuppen. Aber er tut es nicht. Conny bleibt, wie er ist, mitsamt Schnurrbart und Berliner Akzent.

Also doch keine Verarschung. „Hören Sie," beginnt sie mühsam, „wenn Sie nicht mal wissen, wohin Sie fliegen, wie soll ich Ihnen dann weiter helfen? Was steht denn überhaupt in Ihrem Flugschein?"

„Das weiß ich nicht," meint die Dame. „Den muss ich doch erst abholen."

Wir haben nie rausgekriegt, wohin die Dame geflogen ist. Aber die Kollegen vom Reisemarkt waren gewiss froh darüber, dass sie ihnen sofort klipp und klar sagen konnte, was sie wollte—nachdem sie es am Check-in zunächst selber in Erfahrung gebracht hatte.

Schafkopf

Kurz nach meiner Mitlaufzeit hatte ich ein Erlebnis, das ich im Nachhinein unter der Rubrik „typisch Silberling" einordne. Damals dachte ich eher an einen plötzlichen Sonnenstich oder so.

Ich saß irgendwo in A (damals war der Abflugbereich A noch fest in *ImbissAir*-Hand; von *AirCamorra* und den Ösis und all solchem Schmarren war noch keine Rede), watchte mit einiger Besorgnis meinen Reservierungszähler, der irgendwann jegliche Anlehnung an die Catering-Zahlen verloren hatte, und fragte mich, was als nächstes bevor stand, als von links ein aufgeregter Herr in mittleren Jahren auf mich zustürmte und seinen Aktenkoffer auf meinen Tisch knallte.

„Also wissen Sie," begann er, „jetzt muss ich mich aber mal beschweren! Ihre Kollegin da hinten, also die war ja so was von unfreundlich und kurz angebunden! Und das mir! Wo hier keiner so viel fliegt wie ich! Und überhaupt! Wissen Sie eigentlich, was *ich* für Karten habe!?"

Mit diesen Worten öffnete der gute Mann sein Köfferchen und kramte eine Mappe daraus hervor, der er folgende Kleinodien entnahm:
- eine silberne MDM-FLIP-Karte, noch gültig
- eine silberne MDM-FLIP-Karte, abgelaufen
- eine normale MDM-FLIP-Karte
- eine goldene *Visa*
- eine „*InselAir* Executive Club" (die er gleich wieder weg steckte, als er erkannte, dass sie mit unserer Firma nur wenig zu tun hatte)
- einen alten VIP-Sticker.

Diese Kartensammlung breitete er in einer Manier vor mir aus, die mich an das Schafkopf-Layout erinnerte, beinahe wie in der Reklame „Mein Haus, mein Auto, mein Boot!" Danach sah er mich Beifall heischend an und erwartete eine Stellungnahme; wahrscheinlich, weil er annahm, dass ein männlicher Kollege nur in „übergeordneter Funktion" an einem Gate rumhängen konnte und sich demgemäß für das Verhalten seiner weiblichen „Untergebenen" aufs Possierlichste entschuldigen würde.

Statt dessen kramte ich nun meinerseits meine Geldbörse hervor, setzte meinen „Mach-dich-auf-was-gefasst-Blick" auf und konterte mit sechs Trümpfen aus der Hinterhand:

- Telefonkarte mit D1-Reklame, 2,80 DM Restguthaben
- Videoclub-Ausweis, Platin (für 100 „Mr. Beans" pro Jahr)
- Dea-Rabattkarte für die Automatentankstelle
- DRS (Deutsche Restaurant Scheck) Karte
- Organspendeausweis vom Bayrischen Roten Kreuz
- IKEA-Familycard

„So," fragte ich mit texanischem Pokerface, „und wer ist jetzt höher?"

Der Silberling war ein schlechter Verlierer: Mit einem Blick, der andeutete, dass er offensichtlich nur noch von Verrückten umgeben war, grapschte er seine Plastikfetische vom Tisch, warf sie in seinen Koffer zurück und floh in Richtung Duty-free-Shop. Dabei hätte er doch zumindest meine „DRS" mit seiner *Visa* ausstechen können…

Greenhorns

Wenn eine Kollegin oder ein Kollege neu ist, leidet sie oder er am meisten unter der Tatsache, dass alle Leute um sie oder ihn herum mehr zu wissen scheinen als sie oder er selber, einschließlich die oder der Passagiere. Das geht jedem so, die/der in der Passage anfängt. Eine der schönsten Schoten aus diesem Genre ist noch aus Riemer Zeiten überliefert; leider weilt die… der… Kollegin nicht mehr unter uns, sprich in der Passage. Vielleicht erinnert sich die eine oder der andere ja noch an die… den… an das folgende Ereignis.

Es ist kurz nach Mitternacht, sprich Charter-Frühdienst. Die üblichen Warteschlangen bei *Himmelblau Reisen*, die üblichen Bierfahnen bei den Passagieren. Die Brechstange, mit der unsere Lieblingskollegin ihre Augen geöffnet hat, liegt vorsichtshalber noch neben dem Gepäckband. Neben ihr sitzt das Greenhorn.

Die jüngere Kollegin hat schon mehrere ängstliche Blicke auf die Schlange geworfen, die vor ihrem Schalter steht, denn da hinten, ganz am Ende, hat sich jemand aufgebaut, der außer einem gewöhnlichen Koffer und einem Pferdeschwänzchen à la „Karl der Große" noch ein ungewöhnlich großes Objekt hinter sich her zieht. Vom Outfit her handelt es sich um einen Modefritzen; das Ding, das er dabei hat—und mit dem er sich langsam aber sicher ihrem Schalter nähert—erinnert sie an die hohen, fahrbaren Kleiderstangen, wie es sie in den Kaufhäusern gibt, eine stabile Konstruktion aus verchromtem Stahlrohr mit vier kleinen, eiernden Rollen, die sich unabhängig voneinander in alle möglichen Richtungen drehen, außer in die, wohin das Gerät geschoben wird. *Squiggle squiggle squiggle squiggle…*

Nur dass dieses Ding höher ist als die Wägelchen im Laden, viel höher, und um einiges länger (*squiggle,*

squiggle). Es wächst schier ins Unermessliche: Tatsächlich, mit jedem Schritt (*squiggle, squiggle*), den der Gast näher kommt, nimmt es an Größe zu. Bald (*squiggle, squiggle*) scheint es die Dimensionen der Halle zu sprengen; zumindest kommt es unserer neuen Kollegin so vor, die auf ihrem Stuhl immer weiter zusammen geschrumpft ist (*squiggle, squiggle*). Die Stange, auf der, fein säuberlich in Kleidersäcke gepackt, die einzelnen Anzüge aufgereiht sind, erstreckt sich vor ihr wie die 250m lange Leine aus der „Weißer-Riese"-Reklame von 1978.

Squiggle, squiggle... SQUEEEK.

„Raucher oder Nichtraucher?"

Der Modefritze schüttelt angewidert den Kopf: Seinen Pferdeschwanz will er schließlich nicht dem Gestank verbrennender Kohlenstoffverbindungen aussetzen.

„Und wie viele Gepäckstücke werden das in etwa…?"

„Das ist bisher auch immer gegangen," erwidert das Pferdeschwänzchen.

„Nein, ich meine: wie viele einzelne?"

„Zwei."

Das Greenhorn blickt sich hilflos um. „Tja, ich weiß jetzt nicht so genau, ob man das Trumm als ein Gepäckstück… vielleicht geht das gar nicht in den Flieger… warten Sie einen Moment…"

Irgendwann hat sie mal gelernt, dass es für jede Frage am Flughafen eine passende Telefonnummer gibt, hinter der sich brauchbare Antworten verbergen. Nur—wen rufst du in so einer Situation an?

Versuchen wir's zuerst bei den Disponenten.

„Ja, hier bin ich, bei der *Himmelblau*, ich weiß gar nicht, ob ich da bei Ihnen richtig bin—weil nämlich, ich hab gerade einen Herrn mit einem Riesenständer vor mir stehen, und jetzt bin ich mir nicht sicher, was ich mit dem überhaupt machen soll…"

Trotz des brüllenden Gelächters unserer Lieblingskollegin ist das der Dispos aus dem Hörer deutlich vernehmbar.

„Hohoho… wenn Sie das in Ihrem Alter noch nicht wissen… hohoho… dann kann ich Ihnen auch nicht helfen. Booohohoho!"

Definitionsfragen

Hin und wieder begegnest du Passagieren, die eine Portion Humor zeigen. Bei allem Stress, dem sowohl Fluggäste als auch Airliner ausgesetzt sind, tut so was mal ganz gut: Airliner sind auch nur Menschen.

Meine Lieblingskollegin trat—es war um kurz vor halb im guten alten Riem, und wer Riem kennt, weiß, dass dort alles schöner und besser war als im Erdinger Moos—in ein Fettnäpfchen, das für eine komplette Pasta Asciutta nach Bud Spencers Rezept gereicht hätte. Damals war sie in Übergepäckfragen zwar nicht viel strenger als heute, aber sie behielt sich das Recht vor, den Gast auch bei leicht überschrittenem Freigepäck darauf hinzuweisen, dass sie ihm was geschenkt hat, dass so was nicht selbstverständlich ist, nicht wahr, gehen Sie mal zum *Orientteppichflugdienst*, die husten Ihnen was, und überhaupt. Und an besagtem Tag stand nun eine vollschlanke Dame vor ihr, für die ein Scheich 100 Kamele locker gemacht hätte. Sie lupfte einen Samsonite mit 26 kg aufs Band und verlangte einen Gangplatz.

Unsere Kollegin beäugte kritisch die Anzeige der Waage. „Ist recht," meinte sie, „aber Sie wissen schon, dass Sie 6 kg Übergewicht haben?"

Die Dame trat zwei Schritte zurück, breitete die Arme aus und entgegnete: „Moana's, dass des g'langt?"

So gut sind die Leute meistens nur am Charter-Check-in drauf, etwa wie bei *Himmelblau-Reisen*.

„Raucher oder Nichtraucher?" erkundigte sich ein Kollege bei einer Herrengruppe, die im Rahmen einer Kegeltour unterwegs war und bereits einen entsprechenden Heiterkeitsgrad erreicht hatte.

Die sechs munteren Gesellen waren sich sofort einig. „Egal," stellte man fest. „Hauptsache Trinker!"

Frank…

Es war einmal eine junge Maid, welche am Flughafen zu München arbeitete. Daselbst schafft' sie tagein, tagaus für die *ImbissAir* und war zuständig für das Ausfertigen kleiner grauer Zettel nebst Wiegen von Gepäck. Auch ward sie des öfteren gefragt: „Wo is'n hier det Klo, hey?" worauf sie dem Drange des Reisenden Richtung verschaffte.

Vorzeiten war da, im nördlichen Trakte, neuer Durchlass zum Teutschen Flugsteige geschaffen worden, als sich das Fräulein guten Muts auf den Weg nach dem fernen Handgepäckschalter machte, um dorten zu verweilen. Gar bald saß sie zwischen allerlei Gesindel, das bei der Pforte, wo die Zöllner und Büttel ihr Tagwerk verrichteten, auf seine Leut' wartete. Nachdem sie ihr Kreuzwort aufgeschlagen und sich an ein paar Schlukken jenes köstlichen gelben Wassers, welches mit Gasblasen versetzt, gelabet hatte, überkam sie eine große Müdigkeit—wie immer, wenn sie zu früher Stund' ohne Vesper aus dem Hause gegangen.

Sie ward aufgeschreckt von einem schüchternen Manne, der an ihren Schalter hintrat und sie um eine Audienz bat. Die junge Maid, solch höfliche Ansprache nicht gewohnt, verweigerte ihm nicht seinen Wunsch; drum ermunterte sie ihn, frei von der Leber weg zu sprechen.

Er habe, so begann er, vor langer Zeit einen ehrbaren Bürger der Stadt zum Freunde gewonnen, der aber unlängst ausgezogen sei, die Sprache der tapferen Franzosen zu erlernen. Bis vor kurzem habe dieser im Frankenreiche geweilet, wo es ihm wohlgefallen und wo das Weißbrot noch lang und steif gebacken, wo die Liebe noch echte Liebe und wo die Pariser noch richtige Pariser seien. Nun jedoch sei er derselben müde geworden;

auch spüre er ein heftig Sehnen nach dem schönen Vaterlande; woraufhin er sich also entschlossen, wieder heimzukehren. Nur wüsste er—der schüchterne Frager—nicht den genauen Ankunftsort seines Kumpanen zu bestimmen, und ob denn dieser pünktlich käme?

Die Airmaid zog stante pede Erkundigungen ein. „Mittels welcher Luftkutsche kömmt denn Ihr Busenfreund hier an?"

Der Fremde aber hub an und sprach: „Bei meiner Seel', dessen bin ich mir nicht gewiss, junge Maid!"

„Nun," sprach sie, „aus welcher Stadt möcht' er wohl, rechtschaffen müde und wohlgenähret mit köstlicher französischer Weißbrotstang', allhier eintreffen?"

Der Fremdling sprach abermals: „Bei meiner Treu, dessen bin ich mir auch nicht gewiss!"

„Aber *wann* er nebst seinem prall gepackten Koffer allhier erscheinet, wisst Ihr?"

Wiederum schüttelte der Fremde den Kopf. „Auch dessen bin ich mir…"

„Jaja, passt scho," meinte darauf die Maid. „Der werte Busenfreund hat wahrscheinlich nicht mal 'ne lumpige Flugnummer aufgeschrieben…"

„Fürwahr!" Der Fremde zog ein vergilbtes Pergament aus dem Wams. „Dieses dacht' ich aufzuschreiben, alldieweil ich übers Zauber-Sprachrohr mit ihm konversierte. Die Nummer sei die 142, so wie er's bezeugte."

„Eine schöne runde Zahl," stimmte die Maid zu, „nur kömmt sie nicht aus Paris gen München, sondern vielmehr aus Frankfurt."

Des Fremden Gesicht hellte sich auf, und mit gar fröhlicher Miene rief er: „Ja! Das war's! Aus Frankfurt! Genau! *Furt*, nicht *Reich*!"

Und wenn die beiden ehrbaren Bürger nicht gestorben sind, so leben sie noch heute.

Nicht ohne meinen Baum

Wer den Kollegen bei der Sicherheitskontrolle vorm Check-in über die Schulter schaut, sieht manchmal eigenartige Bilder auf den Monitoren der Röntgenanlage. Ob es nun der Staubsauger, der Pneumatik-Hammer von Bosch oder ein zeitgenössisches Alternativmodell vom Brandenburger Tor ist, es gibt nichts, was die Leute nicht mitnehmen.

Bei Geschäftsleuten, die für eine Woche nach Dubai gehen, ist es normal, eine Kiste voller BMW-Ersatzteile (einschließlich eines kleinen Biervorrats) im Gepäck vorzufinden. Solche Fluggäste zahlen in der Regel mit dem strahlendsten aller Gesichter bis aufs letzte Kilogramm ihr Übergepäck—logisch: Wenn man von seiner Firma kurzfristig mit so viel Geraffel zu den Wilden geschickt wird, lässt man sie gewiss gerne etwas bluten.

Anders verhält es sich mit den Charterfliegern. *Ganz* anders.

Jemand, der mit *GelbschwanzAir* in die Dominikanische Republik unterwegs ist, hat keine Bohrmaschinen dabei. Auch keine Autoteile. Der typische *Gelbschwanz*-Urlauber tritt paarweise auf und wiegt sein Gepäck genauestens ab—auf der heimischen Personenwaage, wie wir bereits des öfteren erfahren haben. Und er wählt seine Mitbringsel sorgfältig aus, bevor er eine Reise antritt.

So wird man im Koffer des erfahrenen Chartertouristen neben der obligatorischen Sonnenmilch diverse Strandutensilien finden, die sich während zahlreicher früherer Bratstunden bewährt haben: einen Klappspaten für die Sandburg; ein Essbesteck (an der Würstelbude kriegst du nur Plastikgabeln); eine Ausgabe der BILD, um dem fremdländischen Zeitungsverkäufer anhand eines Beispielexemplars klar machen zu können, was gewünscht ist; sowie das eigene Kopfkissen, wegen der Allergie gegen vollgesabberte Hotelwäsche.

Dann geht's weiter: An den Stränden, wo man sich so als Deutscher üblicherweise aufhält (den „Geheimtipps" von Neckermann und TUI) gibt es zwar keinen einzigen Quadratmeter Boden mehr, in dem noch kein Sonnenschirm steckt, aber sicher ist sicher—man kann ja mal einen mitnehmen. Natürlich nur in der selbst genähten Schutzhülle. Klar, der muss zum Sperrgepäck, genau wie die beiden Liegestühle, die auf den Koffer drauf gebunden sind.

Bei *Himmelblau Reisen* kommen hin und wieder Gäste mit zusammengefalteten Rollos an den Schalter (den typischen Mini-Blinds von IKEA). Letztere dienen laut Aussage einiger Urlaubsprofis zur Verdunkelung ihrer Hotelfenster, die sie bereits im vorigen Jahr ausgemessen haben.

Und schließlich kann es dir passieren, dass sich um die Weihnachtszeit größere Pappschachteln vor dir auftürmen, in denen es verdächtig raschelt. Nein, es handelt sich nicht um Fahrräder, dafür sind sie nicht schmal genug. Auf deine neugierige Frage hin, was man denn da mit nach Puerto Plata schleppe, antwortet der Gast mit verlegenem Grinsen:

„Na ja, da in der Dominikanischen ist es zwar schön warm und so, aber einen Weihnachtsbaum kriegen Sie da nirgendwo zu kaufen. Ich fahre gerne über Weihnachten in Urlaub, aber nicht ohne meinen Baum!"

Missverständnisse

Wenn volle Schalterhallen, eine anfällige EDV, eingeschränktes technisches Verständnis und eine gewisse Müdigkeit gemeinsam auftreten, kannst du sicher sein: Du bist am *ImbissAir*-Check-in. Noch eine Prise Hektik, etwas G'schaftlhuberei zum Nachwürzen, und schon haben wir besten Nährboden für eine sachliche, in alle Richtungen harmonierende Kommunikation.

„Ja verflixt, jetzt spinnt das Teil schon wieder... Sekunde, ich muss nur fix den Drucker, ja Kreizdeifisacklzementwosisndesfirasauglumpverreckts..."

„*Wooos* bin i...?!?"

Bei solchen Gelegenheiten werden Gäste gerne ungehalten, besonders, wenn sie Stress haben, in Eile sind und schnell noch auf die 151 umbuchen wollen.

„Und schauen Sie mal, ob meine Nummer drin ist, das klappt nie, wenn man sich drauf verlässt, jedes Mal dasselbe, ich weiß gar nicht, wieso die das nicht auf die Reihe kriegen, 3D hatte ich reserviert, ich sitze nämlich immer auf 3D, wenn mir das meine Sekretärin nicht wieder verhunzt hat, die muss ja nicht fliegen, der ist das ja egal, kriegen Sie das hin?"

Du beruhigst den aufgeregten Herrn, der am Ende seiner Kräfte vor dir steht, völlig geschafft von seinem oberwichtigen Meeting, ein Schatten seiner selbst, der noch nicht weiß, wie er die nächsten 45 Minuten ohne Handy überstehen soll—und nickst zuversichtlich.

„Dauert eine Minute, bis ich das umgebucht habe..."

„Ich muss nämlich noch das Auto wegbringen, und danach treffe ich mich mit den Kollegen in der Lounge, und nun machen Sie doch mal hinne!"

„Sofort," beeilst du dich zu sagen. „Wissen Sie, das ist ein ziemlich komplexer Vorgang..."

Das Gesicht des Herrn läuft rot an, und der Rest seiner Kraft sammelt sich in seiner Kehle: „Ich *habe keine Komplexe...!!!*"

Ebenso häufig kommt es zu geografischen Diskrepanzen, die aufgrund der ganz besonderen Ortskenntnis unserer berüchtigten Charter-Urlauber entstehen.

„Sie, wann kommt denn die *GelbschwanzAir* hier an?" wollte ein blond gelockter Herkules wissen. Der Kollege blätterte bereits eifrig im Flughafenmonitor:

„Die aus Gran Canaria...?"

„Nee, aus Las Palmas."

Dann war da noch die junge Dame aus dem Augsburger Raum, die mit ihren beiden Freundinnen über POP nach PUJ flog (oder umgekehrt). Sie warf ihren Rucksack auf die Waage und legte die Tickets hin.

„Wenn's ganget, no wellet mir im Raucher sitze, am Fenschter, wenn's ganget..."

„Was denn nun?" erwiderte die Kollegin etwas verwirrt. „Fenster—*oder* Gang?"

„Noooi, nit am Gang! Fenschter! Und im Raucher."

„Also eine Dreierreihe mit Fensterplatz," stellte die Kollegin fest. „Da hab' ich nur noch was im Nichtraucher; die Raucherplätze sind schon besetzt..."

„Des isch nit schlimm," meinte die Dame in fließendem Schwäbisch. „Die zweiehalb Stund' halte mir's scho aus. Hauptsach', mir kommet mit."

Wahrscheinlich hatte sie die Dominikanische Republik irgendwie mit den Balearen verwechselt...

Andererseits ist es für unsere Arbeit eine gehörige Erleichterung, wenn Urlauber genauso ihre Prioritäten setzen wie Geschäftsreisende:

„Mojn," begrüßte ein Kollege ein klar erkennbares Last-Minute-Pärchen. „Wo geht's denn hin?"

„Ans Fenster," war die Antwort.

Ein Check-in-Agent und Gentleman

Das Schlimmste, was einer Fluggesellschaft passieren kann, ist ihr Vielfliegerprogramm beziehungsweise seine Folgen. Gib einem absoluten Niemand eine MDM-FLIP-Karte in die Hand, und schon ist er wer. Egal, ob das Ding durch Geschäftsreisen im Auftrag einer Firma oder durch private Flüge nach Miami zusammengeschnorrt worden ist—als Vielflieger hast du allen Grund, Profil zu zeigen… oder eine entsprechende Neurose.

So geschieht es häufig, dass besagte Lieblinge eine kleine Extrawurst für sich beanspruchen und gleich zum First-Class-Schalter sausen, um dort mit Billigtarif und ihrem wertvollen Kärtchen einzuchecken. Ich sage mir: Wenn's arg brennt, bin ich auch froh, wenn ich nicht erst zur Kontrolle muss und dann in der Schlange vorm Schalter warten. Aber wenn ein Goldjunge nach dem anderen beim F-Class aufläuft, sind solche Lückenspringer mitunter recht lästig.

„Nun seien Sie doch mal ein Kavalier," röhrte mir eine Dame in mittleren Jahren entgegen, als ich eines schönen Tages die Ehre hatte, den First-Class-Schalter zu besetzen. „Als Gentleman werden sie eine Dame nicht wegschicken. Ich hab zwei Koffer."

„Entschuldigen Sie schon," warf ich ein, „aber ich bin gehalten, diesen Schalter für First-Class-Passagiere und goldene MDM-FLIPs frei zu halten. Das hat mit Kavalier sein gar nichts zu tun…"

„Aber ich checke *immer* hier ein, und bei Ihren Kollegen war das seltsamerweise noch *nie* ein Problem," konterte Mrs. W-Tarif. „So lange dauert das doch gar nicht. Außerdem ist gerade nichts los." (Goldkärtchen Nr. 1 stellt sich hinter ihr an.)

„Hier ist ständig was los," antwortete ich, „besonders um diese Zeit. Aber wir wollen mal nicht päpstlicher sein als der Papst." (Goldie Nr. 2 reiht sich ein.)

42

Im folgenden machte ich mir einen Spaß daraus, ihr einen 1A-Service mit ausführlicher Sitzplatzauswahl (für sie und ihren Ehemann) sowie eine genaue Wegbeschreibung zu Gate A 5 zu liefern; des weiteren klärte ich sie über unser neues Lounge-Angebot auf, wobei ich auch daran dachte, einige Vorzüge unseres internationalen Airline-Verbandes einzuflechten (goldene Nr. 4 und 5 erscheinen auf der Szene); und in der anschließenden Zusammenfassung wies ich darauf hin, dass in der neuen Wartehalle in A-Nord demnächst ein zusätzlicher Duty-free-Laden eröffnet werde, dass es allmählich Zeit wurde einzusteigen, und dass bereits der sechste vergoldete Stammgast hinter ihr stand.

Während des ganzen Vorgangs warf die Dame einige verstohlene Blicke hinter sich; nach einer Weile begann sie, nervös von einem Fuß auf den anderen zu tippeln; und schließlich, nachdem das alles auf eine gewisse Begriffsstutzigkeit meinerseits gestoßen war, sagte sie nach jedem meiner Sätze „Jaja… danke sehr… gewiss… jaja… passt schon… ich danke Ihnen… jaja…"

Als ich ihr dann die Bordkarten überreichte, versäumte ich es nicht, sie mit einem bedeutungsvollen Seitenblick auf die hinter ihr wartenden Gäste aufmerksam zu machen und zu sagen: „Sehen Sie nun, wie viel los ist?"

Sie nickte selbstbewusst. „Junger Mann, das macht überhaupt nichts. Die fliegen *alle* nicht so viel wie ich."

Charters im Wandel der Zeiten

„Wie, Sie haben keinen Fensterplatz mehr!? Ja, dann geh' ich zu Ihrer Kollegin nebenan; vielleicht hat die ja noch einen..."

Solche Sprüche sind bei „Charters" alltäglich. Sind wir doch ehrlich: Wie soll sich auch jemand, der alle Jubeljahre mal in Urlaub fliegt, in luftfahrtspezifischen Dingen auskennen! Selbst die, von denen man eigentlich erwarten sollte, dass sie Bescheid wissen, selbst unsere berüchtigten Silberlinge und Goldjungen haben auf innerdeutschen Linienflügen ihre besonderen Problemchen:

„Und so weit weg wie möglich von den Nichtrauchern!"

Nur dass unsere „Profis" jetzt auch Charter fliegen. Sie kommen mit ihren Karten zu deinem Schalter, chekken auf die vollgestopfte „Fuerte" ein und wollen wissen, weshalb der übliche 3D plötzlich nicht reserviert ist, wo doch die Sekretärin *immer* 3D bucht. Dann geben sie dir das blaue Stückchen Plastik und säuseln: „Ach, die Meilen sind drin, ja?"

Nein, da waren die Zeiten ohne Kärtchen schöner, wo wenigstens bei *Gelbschwanz* alle gleich waren und wo selbst der heimliche Silberling in Bermudashorts und Sandalen eingecheckt hatte. Damit ist es vorbei: Die einzige Bastion des praktizierten Airline-Marxismus innerhalb unseres Konzerns ist gefallen.

„Ich fliege nämlich mit der Concorde!"

Wie oft mussten geplagte Kolleginnen bereits ihr gesamtes tiefenpsychologisches Repertoire ausspielen, um Charter-Gästen möglichst schonend klar zu machen, dass sie für 100 Euro keinen Transatlantikflug mit dem schnellsten Linienflugzeug der Welt, sondern allenfalls einen Fensterplatz gaaaanz weit vorn in einer schlappen Boeing 757 erworben hatten! Und jetzt? Jetzt stehen die blauen Karten beim Einsteigen cool an der Bierbar und warten auf die Ansage für Zonen fünf und sechs! Das soll noch Spaß machen?!

Doch, es macht. Denn schließlich kommen im Zuge der allgemeinen Verwirrung immer dämlichere Ansagen zustande:

„Wir bitten zuerst alle Babys in den Zonen eins bis vier an Bord... bitte stellen Sie das Rauchen ein..."

Dann, nach einer Charter-Bedenkminute: „Wir bitten natürlich *alle* Zonen an Bord! Aber nur in den Sitzreihen 15 bis 28!"

Normalerweise hätte die Halle platzen müssen vor Gelächter. Leider waren zu viele wichtige MDM-FLIP-Kartenbesitzer anwesend, die den Versprecher nicht verstanden hatten...

Von Supervisors u.ä.

Wir kennen sie alle, die persönlichen Einzelschicksale unserer Fluggäste; nur können wir aufgrund unseres Gehalts nicht damit umgehen. Das kann nur der Hallenchef oder dessen Stellvertreter. Wenn's heikel wird, beweist er seine Autorität durch Mitführen eines Bündelfunkgerätes und besticht durch polyglottes Auftreten. In einer Zeit, da einige Planstellen neu besetzt worden sind, kann es allerdings schon mal zu ganz besonderen Situationen kommen, etwa so wie im folgenden Beispiel:

Ein Gast amerikanischer Herkunft kommt aus Chicago und fliegt weiter nach Köln, erscheint aber erst drei Minuten nach Abflug am Gate, wo die Abschlussarbeiten der „gewesenen Köln" auf Hochtouren laufen. Sein Zustand lässt darauf schließen, dass er die Zeit, die ihm zur Verfügung gestanden hätte, zum Gate zu gehen, größtenteils an irgendeiner Theke verbracht hat. Nun ist er auf die *ImbissAir* natürlich ein klein wenig sauer, zumal er wegen seiner Kamera auch an der Sicherheitskontrolle etwas länger gebraucht hat.

„Whaddaya mean, mister? I was here fuckin' early enough. Ain't my fuckin' fault that these morons took my camera apart! I gotta get to Cologne by fuckin' noon! Now open that fuckin' door!"

Der Kollege schüttelt den Kopf. „We are closed," erwidert er. „The aircraft is pushing already. No more use to get excited. We'll see if we can take you on the next one…"

„Well fuck *ImbissAir*! What kind of a fuckin' service is this anydamnway!?"

An dieser Stelle schaltet sich unser neu erkorener Supervisor ein. Ruhig und sachlich, wie es seine Art ist, erklärt er dem aufgebrachten Gast die Situation:

„Everybody has to be here on time. Same wiss me: vhen I travel viss my fotoapparat, I have to go ssru sse security, too, and *ImbissAir* can't wait for me, either."

„Well I wonder why it takes 'em so long to look at a fuckin' camera," meint der Gast, der bereits etwas fuckin' ruhiger geworden ist. „This is the worst fuckin' airline I've ever flown…"

„It's not *ImbissAir* at sse security," stellt unser Chef richtig. „It's sse Bavarian government…"

Eine gewisse Ruhe und Kaltblütigkeit zeichnet den jungen Supervisor aus, der von hilflosen Check-in-Kollegen in Übergepäckfragen konsultiert wird. Sobald er angefunkt wird, ist er hundertprozentig bei der Sache: Er wirft einen wohlwollenden Blick auf die ungewöhnlich starke Schalterbesetzung in Halle B, die sich gerade mit 200 *Orientteppichflugdienst*-Gästen und ihren Plastiktüten herumschlägt, und lenkt seine Schritte entschlossen in Richtung Zentralbereich, von wo der Hilferuf gekommen ist.

Am Ort des Geschehens prüft der Hallenchef zunächst mit Kennermine das Ticket des Protagonisten. Die Einträge „W" und „20 kg Freigepäck" sind schnell entdeckt: Der Fall ist klar.

„Vell," erklärt der dynamische Supervisor, „you have fast fifty kilos, but it's a very *sheep* ticket, so you have to pay twenty marks for excess luggage. And twenty marks is not the world."

Wer könnte da noch widersprechen…

Dolby surround

Nachdem wir in aller Ausführlichkeit über Charter-Passagiere, Silberlinge und andere gefährliche Subjekte gelästert haben, wird es Zeit, dass wir uns wieder einmal selber unter die Lupe nehmen. Dabei fällt in erster Linie auf, wie vollkommen wir alle sind: Niemals würde jemand von uns falsche Auskünfte geben, sich missverständlich ausdrücken, beim Einchecken unkonzentriert arbeiten oder gar einen Tripfile mit nach Hause nehmen.

Oder...?

Na ja, wenn man genauer nachdenkt—also ich erinnere mich da schon an gewisse Dinge...

Ein Kollege westfälischer Herkunft machte beispielsweise einmal in Halle A von sich reden. Es war Gott sei Dank nach dem Abend-Peak, als nur noch vereinzelte Pamperlflieger auf dem Hof standen. Die letzte Münster war abgeschlossen, es war ungefähr zehn Minuten vor Abflug, Bus war weg, und der Kollege wollte sich gerade seiner Boarding Control widmen, als mit hängender Zunge noch ein später Umsteiger auf ihn zu stürmte.

„Munester, Munester, prego prego prego...!"

Kein Zweifel: Der Schlumpf wollte noch mit. Unser Kollege sah etwas ratlos auf die Uhr—und griff entschlossen nach dem Bündelfunk, wobei er sich schräg über seinen Schaltertisch lehnte, um von seinem sauer erkämpften Sitzplatz aus an die Sendetaste heran zu kommen.

„Die Rampe noch mal von der Münster!"

Nichts. Inzwischen hat sich der zweite späte Umsteiger zum ersten gesellt und ist in eine ähnliche Tirade ausgebrochen wie sein Vorgänger. Der *ImbissAir*-Kollege winkt ab und versucht wieder, durchzukommen.

„Rampe Münster! Die Rrrrampeee bitteeee!"

Es piept vielversprechend, und aus der Quatschbox ertönt die ferne Stimme des Rampagenten, der wahrscheinlich gerade aus Hold 4 klettert:

„Hier Rampe Münster…"

„Ja, hier noch mal das Gate! Pusht ihr schon, oder habt ihr die Tür noch offen!?"

Erst knackt es ein wenig im Äther; dann kommt erneut die Stimme aus Hallbergmoos: „Ja, go!"

Der Kollege schluckt angestrengt. „Gate an Rampe," wiederholt er. „Puuuusht ihr schooon?!?"

„Rampe Münster," kommt es zurück. „Wer ruft…?"

„Das kann doch nicht wahr sein…" Der Kollege versucht es noch einmal. „Hallo," sagt er so deutlich, wie er kann, „ich weiß, dass da die Rampe ist. Meine Frage lautet, ob ich euch noch ein Taxi schicken kann. Ich hab noch zwei Schnarchzapfen ex der Dings."

Es entsteht eine kleine Pause, während der alle Anwesenden zu Stein erstarren; selbst die beiden Italiener haben offensichtlich kapiert, dass der Kollege gerade sein Äußerstes versucht.

„Da muss ich den Captain fragen," erwidert Meister Rampe. „Ich komm' zurück."

Der gestresste Kollege, der seinen pünktlichen Abflug bereits dahin schwimmen sieht, ergreift die Gelegenheit beim Schopf und wählt die 1800. „Hat ein Taxi Zeit?"

Es knackt erneut im Empfangsteil, und eine weibliche Stimme wird hörbar. „Ja, kommen?"

„Ob ein Taxi Zeit hat!?"

„Bitte wiederholen," erschallt die Kollegin.

Der Mann am Gate ist dem Ende nah. „Ein Taaaaxi-iii," dröhnt er in die Sprechmuschel. „Ob ein Taaaaxiiii Zeiiiit haaaat!"

„Ja, kommen," ist die Antwort.

„Ich will nicht kommen," erwidert der Kollege betont ruhig. „Ich brauche nur ein Taxi bei A 22. Sonst nichts. Wäre es denkbar, fix hier vorbei zu kommen...?"

Endlich hat sie's verstanden. Während die Taxifahrerin die Reifen quietschen lässt, bemerkt der Kollege mit leichter Verwunderung, wie plötzlich von allen Seiten Mitarbeiter auf ihn zu laufen, wild herum gestikulieren und ihm allerlei unverständliches Zeug zurufen. Seine Teamkollegin gegenüber bei Ausgang A 21 ist bereits rot angelaufen und in gebückte Haltung übergegangen, was bei ihr auf fortgeschrittenes Lachstadium hindeutet. Ein anderer Teamkollege, der von A 15 aus im Anmarsch ist, formt mit den Händen das berühmte „T", hält mehrere Finger gleichzeitig vor den Mund, macht die Halsabschneide-Geste und führt sich auch ansonsten recht merkwürdig auf, was unseren Münster-Chef schließlich veranlasst, stutzig zu werden.

„Was habt ihr Schlümpfe denn bloß?" ruft er unwillig. „Und wo bleibt das blöde Taxi?!"

„Das wird schon kommen," erwidert der Teamkollege mit unterdrückter Stimme und beschwichtigender Geste. „Mach lieber erst mal dein Mikro zu..."

In diesem Moment geschah zweierlei: Während sich die Umstehenden am Gate vor Lachen bogen, schloss der Kollege die Augen und ließ die vergangenen fünf Minuten vor seinem geistigen Auge (und Ohr) Revue passieren. Der Leser möge bei der Stelle „Die Rampe noch mal von der Münster!" erneut anfangen, mit der Erkenntnis im Hinterkopf, dass die gesamte Konversation in voller Lautstärke über das Beschallungssystem von Halle A übertragen wurde.

Was war passiert? Der Kollege hatte sich mit dem Ellbogen ausgerechnet auf der Platte abgestützt, in die der unscheinbare schwarze Rufknopf eingelassen ist...

50

Jedenfalls trugen seine Bemühungen Früchte: Die beiden Italiener konnten pronto ine letzte minute bei der Munester abgeliefert werden—kein Wunder, bei so viel akustischem Nachdruck. Seither befasst sich eine Arbeitsgruppe teamübergreifend mit dem Thema „Bündelfunk in Dolby-surround—die neue Pünktlichkeitsoffensive der *ImbissAir*."

Viele Frösche

Tickets haben es in sich. Nicht nur, dass sie trotz IATA-Format alle anders aussehen; das tun Geldscheine ja auch. Es sind die kleinen, unscheinbaren Tücken, die den Umgang mit ihnen oft so erschweren. So weiß jeder, der einmal eine arabische Familie nach Dubai eingecheckt hat, wie toll solche Namen zu entziffern sind: Für Khamud-del-Alrachnauhm al Raschid habe ich schon ca. 200 verschiedene Schreibweisen registriert— allein 13 davon innerhalb einer einzigen Familie. Ganz zu schweigen von dem Zustand, in dem sich besagte Dokumente meistens befinden: Auf deinem Tisch landen zehn daumendicke Stapel von kleinen, rot bedruckten Blättchen, die sukzessiv am linken und rechten Rand zusammen geheftet sind. Solch ein Stapel erreicht also— wenn man ihn nur am Deckblatt festhält—eine Gesamtlänge von durchschnittlich fünf Arabern. Und die Seite, die du für MUC-FRA brauchst, ist todsicher so verknittert, dass du erst das Passenger Receipt suchen musst, um die Namen überhaupt lesen zu können. Erst, wenn du alle möglichen Alternativen eingegeben hast, wird eine Sammlung ähnlich aussehender Namen auf dem Bildschirm erscheinen, von denen du einen identifizieren kannst. Es stellt sich heraus, dass du nur den Namen des Kindermädchens auf der Liste hast, und du denkst mit Schrecken daran, dass dir über die No-record-Eingabe ja noch einmal die gleiche Auswahlliste bevorsteht. Derweil verkündet der Obermullah mit strahlendem Gesicht, dass er einen Rollstuhl für seine erste Frau brauche, weil sie vom Einkaufen doch recht müde sei.

Tickets beinhalten mehr Informationen über ihren zugehörigen Passagier, als draufsteht. Wenn du beim Einsteigen mehr als 50% der Flugscheine im griechischen Knautsch-Look ausgehändigt bekommst, hattest du mindestens 20 Minuten Delay mit lapidarer Hinhaltetaktik—oder eine pünktliche Saloniki. Sind sie alle glatt, aber die Perforierung der Bordkarten ist bereits halb eingerissen, dann bist du bei der frühen Düsseldorf (diese Klientel glaubt heute noch, dass sie uns durch so was irgendwie beeindrucken kann). Sind sie feucht bis nass, fliegst du nach Genf oder Brüssel, und es ist Hochsommer. Manchmal färbt sogar das Innenfutter der Jakkett-Tasche ein wenig ab. Und wenn sie an der Längsseite einen halbrunden, feuchten Abdruck haben, brauchst du auch nicht lange zu überlegen: Schließlich kann dir ein Golden Retriever seinen Knochen auch nur mit dem Maul entgegen strecken, wenn er beide Vorderpfoten voll Handgepäck hat.

Ein Kollege, der sich beim Einsteigen einer Berlin redlich bemühte, die verknuddelte Bordkarte eines Gastes in den Schlitz der Boarding Control hinein zu zwängen, fragte vorwurfsvoll: „Hätten Sie die nicht wenigstens einmal bügeln können nach dem Waschen?"

Worauf der Berliner erwiderte: „Soll ick se Ihnen vielleicht im Poesiealbum präsentieren, oder wie?"

Sicher eine verständliche Frage, wenn man bedenkt, dass seit der Einführung von Gratisflügen durch elektronische Tickets ohnehin keiner mehr so recht weiß, wozu Papier noch gut sein soll. Und je billiger die Reise, desto größer die Ausmaße dieser zweifelhaften Dokumente: Bei einigen Veranstaltern unserer geliebten Charterer geht's bis ins mittlere Waschlappenformat. Sinnigerweise passt so was in keine Bordkartentasche mehr rein, was speziell das Einsteigen zum besonderen Erlebnis werden lässt:

„Wir bitten Sie außerdem, die Flugscheine in den grauen Dingern stecken zu lassen…"

Wie verwirrend solche Tickets sogar für Check-in-Leute sein können, zeigte sich eines Morgens bei der *GelbschwanzAir*: Erst, nachdem die Kollegin das dritte Pärchen namens Frosch eingecheckt hatte, wurde sie stutzig. „Da sind aber viele Frösche an Bord," meinte sie. „Ob das ein Familienausflug ist…?"

Als dann der vierte Frosch vor ihr stand, sah sie schließlich genauer hin und entdeckte den Beinamen „Touristik", der sicherlich nicht als Mädchenname des Passagiers zu interpretieren war. Auf diese Art lernte sie, den Namen des Gastes von dem des Veranstalters zu unterscheiden. Es war, nebenbei gesagt, nicht ganz einfach, die betreffenden „Frösche" am Gate ausfindig zu machen.

Ich habe auch A 19!

Wenn ein Fluggast Interesse an Version und Typ des Flugzeuges heuchelt, mit dem er im Begriff ist zu reisen, können wir uns warm anziehen. In diesem Fall wird ein Kollege vom Check-in zum hoffnungslosen Laien degradiert, während der Profi-Flieger durch detailliertes Fachwissen glänzt.

„Fenster oder Gang…?"

Der Gast setzt eine kritische Mine auf und rückt zwecks größerer Autorität seine Lesebrille zurecht. „Was fliegt denn da für 'ne Maschine?" fragt er, bevor er sein Handy ausschaltet.

Du hypnotisierst deinen Monitor, suchst verzweifelt die Abkürzung für das Fluggerät, und triffst auf „DH3".

„Das kann ich Ihnen nicht so genau sagen," antwortest du. „Hier steht was von ‚Delta Hotel 3'…"

„Wie kann das denn sein?" bellt dein Gegenüber, die MDM-FLIP-Karte bereits locker im Holster. „Die *Imbiss-Air* hat doch gar keine Partnerschaft mit der *Dreieck*!"

Oder du findest den gewohnten Eintrag „734", den du dem interessierten Frager umgehend in Klartext übersetzt: „Heute fliegen Sie mit 'nem Bobby—ich meine natürlich eine Boeing 737."

„Aha!" Das Gesicht des Gastes hellt sich auf. „Dann ist 14 A also ein Fensterplatz!"

Du verkneifst dir die Frage, auf wie vielen Flugzeugmustern der Gast 14 A schon als Mittelplatz erlebt habe, und wendest dich wieder deinem Bildschirm zu.

Leider ist nicht jeder dieser Fensterplätze völlig harmlos: Als ich einmal als PAD nach Frankfurt unterwegs war, habe ich mir beim Einsteigen einen Spaß daraus gemacht, ein wenig an einer gewissen Sitzreihe zu verweilen. Diese Sitzreihe war die neunzehnte und hatte den Haken, dass sie numerisch große Ähnlichkeit mit dem Gate hatte (A 19). Es glaubt mir kein Mensch, wie viele Passagiere—vom Outfit her waren mindestens drei Silberlinge darunter—den linken Fensterplatz dieser Reihe für sich beanspruchen wollten.

„Entschuldigen Sie, aber Sie scheinen da auf meinem Platz zu sitzen…"

Der Gast am Fenster ist entsetzt: „Wie kommen Sie denn *darauf*?!"

„Nun sehen Sie, ich habe A 19…" Er fingert in seiner Brusttasche umständlich nach dem Schnipsel seiner Bordkarte, den er dem bereits sitzenden Gast unter die Nase hält. Dieser runzelt die Stirn und wirft einen Blick auf seine eigene Bordkarte.

„Eh, das ist ganz unmöglich. Ich habe auch A 19."

Im Gang entsteht etwas Unruhe, als zwei weitere Herren gleichzeitig versuchen, den Platz 19A zu kapern. Die Szene erinnert in ihrer Aufmachung an Herrn Müller-Lüdenscheidt und Dr. Klöbner:

„Würden Sie mich einmal vorbei lassen? Ich sitze da am Fenster."

„Wieso sollte ich Sie auf *meinen* Platz lassen?" erwidert der zweite Herr aufgebracht. „Ich *kenne* Sie ja gar nicht!"

„Dann sind Sie wahrscheinlich nicht bei BMW beschäftigt," meint der erste der beiden Herren. „Sonst würden Sie mich kennen." Er stopft mit Mühe sein Bordcase mit den „zulässigen" Maßen und 21kg ins Overhead-Bin. „Wenn ich jetzt vorbei dürfte? Ich hab 19A." Er präsentiert ebenfalls seine Bordkarte, macht jedoch Stielaugen, als sein Gegenüber eine scheinbar identische aus der Tasche zieht.

„Typisch *ImbissAir*," mault der Gast, der in Lauerstellung auf 19A sitzt. „Jetzt überbuchen sie ihre Mühlen schon so, dass jeder drei Leute auf dem Schoß sitzen hat. Na ja, wer zuerst kommt, mahlt zuerst."

Er sieht die drei anderen Herren triumphierend an, während die Purserette bereits verzweifelt versucht, den Stau im Gang aufzulösen. „Meine Herren, es gibt hier nichts zu sehen… gehen Sie doch bitte weiter…"

„Aber das kann ja wohl nicht wahr sein!" empört sich Herr Müller-Lüdenscheidt. „Was ist denn das für ein Saftladen?! So was hab ich ja noch nie erlebt, und immer nur bei der *ImbissAir*! Jetzt gebense mir meinen Fensterplatz, sonst kann sich mein Freund Knüpfer aber mal was anhören!"

Als schließlich der Zottel in Jeans und Strickpulli auftaucht, der neben „A 19" als einziger auch „19A" auf seiner Bordkarte stehen hat, zieht nach und nach jeder den Schwanz ein. „Wie…? Ach so, das ist das Gate… das ist aber auch verwirrend… wo ist jetzt 8A? Und ich hab mich schon gewundert, dass die Business Class heute so groß ist… nun lassen Sie mich doch mal durch… dass die einem das nicht sagen können…"

Nach alledem ist es verständlich, dass sich das „papierlose Einsteigen mit Chipkarte und Antenne" nicht durchgesetzt hat: Mit so einer Bordkarte hat man wenigstens etwas in der Hand.

Schwarzweiß

Die Passage lebt nicht nur vom Stress allein. Obwohl sie sich größtenteils aus netten Kolleginnen und Kollegen zusammensetzt, so wäre der tägliche Dienst lange nicht so abwechslungsreich, wenn wir nicht das eine oder andere Original in unseren Reihen hätten.

Eines dieser Originale—das mit den großen Ohren—haben wir ja schon beleuchtet. Im folgenden betrachten wir eine Kollegin aus Straubing, die allen Überbleibseln aus der Riemer Zeit noch bestens in Erinnerung ist.

Die Kollegin, um die es geht, war zweifellos eine auffällige Erscheinung, die zu beschreiben recht einfach ist: Man stelle sich Scarlet O'Haras „Mammy" mit urbayrischem Dialekt, aber höchstens halb so umfangreich wie im Original vor, und das Bild ist komplett.

Wenn dieses Bild von Service Professional früh morgens am Charter-Check-in saß und zufällig eine Mombasa oder ähnlich schwarzafrikanische Destinationen abfertigte, konnte es aufgrund ihrer Hautfarbe und der Beschränktheit gewisser Prolo-Touris schon mal zu brenzligen Situationen kommen. Bemerkungen wie „Soll'n wir da unten irgendwem Grüße ausrichten?" waren noch die harmloseren. „Wenn wir Ihrer Verwandtschaft was mitbringen sollen…"

Kommentare dieser Art wurden von unserer unerschrockenen Lady deftigst beantwortet. „Wos wuist'n, du Depp! Mei Verwandtschaft wohnt in Straubing und net in Tansania…"

Auch mochte sie es nicht, wenn sich Charter-Gäste um vier Uhr morgens vor ihr aufbauten und außer „Fenster, Nichtraucher!" keinen Ton rausbrachten. Die Folge war ein Generalanschiss, den sie in voller Lautstärke über die Schlangen vor den Schaltern hereinbrechen ließ:

„Ja Herrgottsakrament, is des a stuara Hauffa! Wegn eich Deppn steh i um drei in der Friah auf und fahr auf Riem ummer, und na kennt's ned amoi ‚Griaß Gott' sagn! Wann i ned glei vo' am jedn a freindlichs Griaß Gott hea, na pack i mei Zeigl zamm und fahr hoam, und na deaft's eich seiba eichecka, Buam, des glaubt's mer!"

Solch eine Abfuhr, in Verbindung mit der stattlichen Erscheinung besagter Kollegin, wirkte Wunder: Die nächsten zwei Dutzend Passagiere beherrschten plötzlich sämtliche Regeln der Höflichkeit.

An einem schönen Frühlingstag jedoch—es war einer jener typischen Riemer Tage, die so viel schöner und netter und abwechslungsreicher waren als jetzt in Erding—ging unsere Lady für alle Zeiten in die Annalen des Flughafens ein, und das kam so:

Während des Einsteigens einer Frankfurt (damals natürlich ohne Boarding Control) wurde von einem fernöstlichen Gast statt des Frankfurt-Tickets versehentlich der Weiterflug nach Hong Kong „geliftet", und als die Sache rauskam, war der Passagier schon an Bord. Abstreichen und Tickets nachliften war ja ohnehin an der Tagesordnung, also rein in die Mühle und her mit dem Ding. Nur ergaben sich bei Außenpositionen gewisse technische Probleme.

Wenn jemand aus der Passage an Bord eines Flugzeugs geht, um noch ein Ticket raus zu holen, sagt er für gewöhnlich einem Crewmitglied Bescheid. Die Stewardess, die unsere Kollegin empfing, versprach ihr auch hoch und heilig, noch nicht loszufahren, so lange sie mit dem Ticket beschäftigt war. Unsere Straubingerin machte sich also auf die Suche nach Mr. Hong Kong, musste jedoch bald feststellen, dass außer ihm noch mindestens 50 seiner Landsleute an Bord waren, die dasselbe Ziel hatten. Und es ist so gut wie unmöglich, aus einer Horde identisch aussehender Chinesen den richtigen Herrn Li herauszufinden. Sie wandte sich also an die Purserette, die eine kurze Ansage machte, woraufhin Herr Li sich zu erkennen gab.

Noch während der Passagier seine Taschen durchwühlte, bemerkte unsere Lady vom Check-in den sanften Ruck, der durch den Airbus fuhr. Der Hubschlepper hatte vorn angedockt!

Die Kollegin wurde beinahe so weiß wie die Strümpfe, die sie an diesem Tag anhatte. „Haaalt," rief sie entsetzt. „I muaß naus! Lasst's mi naus! Ja spinn i! Ees kennt's mi doch net oafach mitnehma! Macht's de Tür auf!"

Das Ganze spielte sich mitten auf dem Vorfeld ab, so dass der gesamte Airport einen hervorragenden Blick auf die nun folgende Szene hatte. Der Captain, der auf der strikten Einhaltung des Flugplanes bestand, weigerte sich zunächst, die Tür wieder aufzumachen, weil dazu die Zeit nicht reichte.

„I muaß aber naus!"

Statt dessen beschloss er, zu improvisieren: Vom Cockpit eines Airbus 310 aus konnte man durch eine Wartungsklappe ins Elektronik-Hold und von da aus hinterm Bugfahrwerk auf den Boden gelangen—als durchschnittlich gebauter Mechaniker. Diese Alternative bot sich nun geradezu an.

„Lasst's mi naus! I muaß dobleim! Heit Abend geh i furt!"

Nachdem der Schlepper angehalten hatte, öffnete man beiderseits die Luken, und dann machte sich unsere Straubingerin an den Abstieg.

Es war nicht einfach: Sie musste sich praktisch blind über schmale Leitersprossen ins Elektronik-Compartment hinunter tasten, und darunter kam eineinhalb Meter leere Luft. Nachdem ihre—wie bereits erwähnt—weiß bestrumpften Beine schließlich im Freien baumelten, sah es aus, als steckte sie fest. Die Boeing erinnerte stark an das Auto von Fred Feuerstein: vorn und hinten auf Rädern gelagert, und dazwischen strampelten zwei Seidenstrümpfe. Natürlich war der Rock zunächst nicht mit durch die Luke gerutscht.

Oben war man redlich bemüht, die Kollegin nicht „hängen zu lassen": Captain und Ko hielten sie an den Händen und redeten auf sie ein wie im Kreißsaal: „Festhalten! Gleich ist es geschafft…!"

Derweil hatte sich der Schlepperfahrer ebenfalls ein Herz gefasst und gab der Kollegin unten Hilfestellung, bis sie ihre „Fiaß" sicher auf die Motorverkleidung des Hubschleppers setzen konnte. Für ihn gab es keinen Grund, „Schwarz" zu sehen; seine Aussicht vermittelte ihm eher einen ganz anderen Eindruck.

Während im Cockpit und unterm Rumpf konzentriert gearbeitet wurde, ertönte auf der Company-Frequenz bereits das erste Pfeifen. Aus Richtung Einsatzsteuerung folgten unmittelbar entsprechende Kommentare:

„I hab gar net g'wisst, dass die so weiße Fiaß hat!"

Doch schließlich war es geschafft: Die Kollegin aus Straubing stand wohlbehalten auf dem Apron, der Rock wieder an seinem Platz, das Ticket sicher verwahrt in der Tasche. Und während man sich im Cockpit den Schweiß von der Stirn wischte, marschierte sie forsch und ein wenig erleichtert in Richtung Terminalgebäude. Die wenigen hundert Kollegen vom Flughafen, die zehn Minuten lang ihre Nasen an den Scheiben platt gedrückt hatten und vor Lachen beinahe geplatzt waren, bemerkte sie glücklicherweise nicht. Statt dessen betrat sie den Arbeitsraum und verkündete aufgeregt:

„Mei, ihr könnt's eich net vorstei'n, was *mir* passiert is!"

Ein Nickerchen und zwei PILs

Ich habe mich schon oft gefragt, was wohl in den Köpfen der Passagiere vorgeht, wenn sie uns bei der Arbeit zuhören. Ob es am Check-in ist oder am Gate, unsere Sprache unterscheidet sich schon gewaltig von der eines Normalsterblichen.

„Guten Tag. Nehmen Sie mich noch mit?"

So fängt es meistens an. Du schaust auf die Uhr, denkst dir, na ja, warum nicht, möchtest aber sicher gehen, dass sich der Abflug nicht unnötig verzögert, und rufst deinem Einsteiger zu: „Mach mal ,Info', bitte! Wie sehen wir denn aus?"

Darauf dein Kollege: „Mir geht noch einer ab."

Du nickst also gönnerhaft und erklärst: „Da haben Sie Glück; wir müssen eh noch warten. Wenn Sie mir gerade Ihr Ticket…?"

Natürlich—wie sollte es auch anders sein—ist es ein elektronisches. Du verziehst etwas säuerlich das Gesicht.

„Auf welche waren Sie denn ursprünglich gebucht?"

„Auf die um 15:00 Uhr," erwidert der Gast. Käse, das war die vorherige Maschine, und die ist schon abgeschlossen. Du wendest dich erneut an deinen Kollegen.

„Bei ,FC' ist nichts mehr mit ,Rüberzetten', oder…?"

„Nee, mach über F1 und Update," meint der Einsteiger. „Ich lass' derweil einen fahren."

Während du das elektronische Ticket entsprechend modifizierst, erkundigst du dich weiter nach dem Stand der Dinge. „Hast du die Wheelie-TIX von den zwei alten Muttchen schon da?"

„Sind beide geliftet," bestätigt dein Einsteiger. „Soll ich dein LMC noch mit runter lassen?"

„Negativ. Der zweite ist schon vorgefahren. Außerdem muss da erst noch ein ,Delivery' dran…"

Der Gast blickt unsicher zwischen deinem Kollegen und dir hin und her. „Ist der Flieger denn pünktlich?"

In diesem Moment fängt der Bordkartendrucker an zu piepen, und das Geräusch, das sein Mechanismus von sich gibt, erinnert an eine Vitalfunktion aus dem Bereich des Dickdarms. „Schon wieder abgeschmiert," stellst du fest. „Wir sind aber trotzdem pünktlich. Eine Sekunde."

Dein Einsteiger, der inzwischen wieder am Gate erschienen ist, sieht dir interessiert dabei zu, wie du den vermaledeiten Drucker auseinander nimmst. „Versuch doch mal ‚Alt-F10'," schlägt er vor.

„Geht nicht," erwiderst du. „Erst den queue leeren, dann kannst du disconnecten. Kannst du mir fix die Boardingnummer 73 ausprinten?"

Dein Einsteiger blickt etwas skeptisch auf seinen Bildschirm. „Ich bin aber gerade in Control-Mode," meint er. „Und das Umsteigen dauert immer so lange…"

Der Gast, der immer noch vor deinem Schalter steht, wird minütlich nervöser. „Eh… soll ich doch lieber mit der späteren…? Wenn ich da noch umsteigen muss…"

„Nein, nein, wir haben es gleich," beruhigst du ihn. „Sobald mein Kollege im System ist, kriegen Sie Ihre Bordkarte… ja verflixt… ich hab immer noch ‚NO POLL.' Mach am besten auch gleich ein ‚NICkerchen' und lass mir zwei Loadsheets raus."

„Brauchst du auch zwei PILs?" fragt dein Kollege schmunzelnd.

Die Augen des Passagiers haben mittlerweile Maglite-große Ausmaße angenommen. Mit dem Mut der Verzweiflung nimmt er die Bordkarte entgegen, die ihm der Einsteiger ausgestellt hat, und geht dann zögernd in Richtung Treppe. Auf der obersten Stufe wendet er sich noch einmal um:

„Wo gibt's denn die zwei Pils…?"

Eingerahmt

Es war mitten im dichtesten Urlaubsreiseverkehr, der irgendwann in den späten Achtzigern begonnen hat und bis dato andauert. In Modul B stapelten sich die Langstrecken bis in den Blumenladen, eine Serie von 55 baugleichen Hartschalenkoffern wartete in Reih und Glied angetreten vor Schalter 109, davor erklärte eine kleine, schwarzhaarige Abgesandte aus dem fernen Reich der Augenschlitze einem genervten Kollegen, dass sie einen Ausdluck vom Sitzplan blauche, weil es sich bei ihlel Gluppe um Honeymoonels handle, und nebenan schimpfte lauthals ein Tunis-Gast, weshalb sich der Typ von der *ImbissAir* erdreistete, ihm für seine 85 kg Übergepäck was zu berechnen. Es tobte generell der Bär: Der Supervisor hatte seine Akkus längst leer gefunkt, und wenn jemand wirklich seinen Schalter verlassen musste, um zu seinem nächsten Flieger zu gelangen, blickte er dem Tod ins Auge.

Im Zentralbereich sah es kein bisschen anders aus, nur dass dort lediglich drei Schalter besetzt waren, von denen aus sich die Schlangen quer durch die Halle erstreckten, sich vor den S-Bahn-Eingängen miteinander verknoteten, und dahinter in alle möglichen Richtungen auseinander drifteten. Diese Check-in-Schalter, nummeriert von 142 bis 144, lohnt es etwas näher zu betrachten.

Zum mittleren der drei Schalter, Nummer 143, kommen wir später. Wir stellen uns zunächst bei 144 an.

Dort saß, geschützt durch einen unüberwindlichen Wall aus Handtasche, Zeitschriften, Wasserflasche und Kosmetikartikeln, eine Mitarbeiterin der ersten Stunde, quasi ein Relikt aus Gründertagen. Die Kollegin, die aufgrund ihrer Herkunft mit leichtem schwedischen

64

Akzent sprach, war allseits bekannt für ihren hohen, aufdringlichen Tonfall, etwa vergleichbar mit dem Timbre einer Heulboje, die alle paar Sekunden unter Wasser getunkt wird. Sie besaß zudem die Angewohnheit, diesen Tonfall mit einer vorwurfsvollen Schwebung zu versetzen, etwa wenn jemand später als eine Stunde vor Abflug einchecken wollte, oder wenn sie sich gerade vertippt hatte. Ihr Stimmvolumen passte sie flexibel der jeweiligen Situation an, indem sie grundsätzlich in voller Lautstärke sprach—die im übrigen mit dem Tempo eines Maschinengewehrs einher ging. Auf diese Weise zog sie auch an diesem hektischen Vormittag die Passagiere vor ihrem Schalter in ihren Bann und schüchterte sie zusätzlich ein, indem sie wild herum gestikulierte.

Der Wirkungsbereich ihres verbalen MG-Feuers schloss jedoch nicht nur Fluggäste ein. Das wäre ja noch zu verschmerzen gewesen, denn die hörten es jeweils nur maximal eine Viertelstunde lang (diese Zeitspanne musste man bei ihr durchschnittlich für einen Vorgang veranschlagen). Allein die Tatsache, dass auch ihre Schalternachbarn in die Gefahrenzone fielen, macht die Sache etwas brisanter. Dazu gehörte an besagtem Morgen insbesondere Schalter 143, zu dem wir gleich kommen werden.

Rechts davon, am 142er Schalter, saß ein Kollege, der die fossile Heulboje noch um einige Jährchen übertraf: Ihr ehemaliger Trainee, dessen Eigenschaften—große, nutzlose Ohren und etwas weitsichtige Luchsaugen—bereits in früheren Abschnitten beschrieben worden sind. Dieser Mensch war mit indischem Gleichmut und einer Menge Gutmütigkeit ausgestattet, etwas, was ihn unter Kollegen gleichermaßen beliebt und verachtet erscheinen ließ. Denn einerseits war er stets hilfsbereit und kannte sich in vielen Dingen ganz gut aus; andererseits ließ das die Schlangen vor seinem Schalter nicht unbedingt kürzer werden.

Auch er verstand es, sich durch seine Artikulation Ausdruck zu verschaffen, nur dass sein Akzent indisch und seine Stimmlage niedriger war. Im Gegensatz zu seiner ehemaligen Ausbilderin nuschelte er leise vor sich hin und war darauf bedacht, eine ganz besondere Grammatik in seinen Sprachschatz einzubauen. Damit trug er ebenfalls zur Atmosphäre um Schalter 143 bei, an den wir uns nun allmählich heran tasten.

Während also bei 144 zwar ineffektiv gearbeitet, dafür aber um so erregter und gestenreicher diskutiert wurde, so wurde bei 142 unter Aufbietung sämtlicher Servicebereitschaft etwas mehr Ruhe verbreitet und dafür etwas ineffektiver gearbeitet. Das ganze hörte sich zwischendrin—bei Schalter 143!—etwa so an:

(Von rechts, nervös) „Dann müssen Sie sich beim nächsten Mal ein bisschen beeilen! Nein, Sie brauchen mich nichts zu erzählen, das ist ja immer so, dass die Passagiere es nie gewesen sind!" (Vorwurfsvoll) „Wieso haben Sie denn noch so viel Gepäck dabei! Jetzt müsste ich eigentlich noch Übergepäck kassieren! Und Sitzplätze ßusammen gibt es nicht mehr! Ja mit ein kleines Kind darf ich Sie gar nicht auseinander setzen! Wegen Sie machen die jetzt ßehn Minuten Verspätung, weil sie die Passagiere umsetzen müssen!" (Nervös) „Ach Sie fliegen ßelber gar nicht! Ja aber fürs UM müssen Sie fünfßich Mark ßahlen! Haben Sie im Reisebüro schon die ßettel bekommen ßum Ausfüllen!"

(Von links, näselnd) „Fliegen zusammen? Dann hamma da links noch zwei Fensterplätze… kann man auch über Gang setzen… wie viel Gepäck gibt man auf…? Handgepäck muss man wiegen… ist viel zu schwer… gibt man zwei Teile auf… nein, darf man nicht in Flugzeug nehmen, sonst wenn runterfällt, hamma Kopfbeule…"

(Von rechts, vorwurfsvoll) „Also ßu meiner ßeit hätte es das nicht gegeben! Oder! Sag doch mal! Die hätte man doch stehen lassen müssen! Da bringen sie dies UM ßwanßig Minuten vor Shedule ßum Check-in und verlangen wer weiß was für Service! Also das ist ganß unglaublich so etwas!" (Beifall heischend) „Da muss ich mich ja so aufregen!"

Derweil dreht unser Kollege bei 142 den Bildschirm so, dass der Gast die Mattscheibe sieht, und beginnt, ihm umständlich den Sitzplan zu erklären:

„Das da ist vorne, das da hinten, hier hamma Flügel, und schwarz sind Raucher. Bei ‚C' darf man nicht hinsetzen. Wo kleine Pünktchen sind, hamma freien Platz. Hamma noch 21C und E gleich nebeneinander. Oder will man Fenster?"

Wie es der Zufall wollte, saß eingekeilt zwischen den beiden Experten unsere geplagte Lieblingskollegin, die sich bereits seit einigen Stunden fragte, was sie am Tag zuvor Schlimmes verbrochen hatte. Den Blick krampfhaft auf ihre Tickets gerichtet, hackte sie weg wie bei den Check-in-Meisterschaften 1992, als das Münchener Team zum erstenmal die goldene Bordkarte geholt hatte.

„Da brauchen Sie *mir* nicht ßu fragen! Ich weiß nicht, wann da ein Bus fährt! Sonst fahren Sie doch mit der S-Bahn! Wenn Sie das nicht gut genug ist, dann kann ich Sie auch nicht helfen! Ich bin doch nicht der Dalai-Lama!"

„… geht man da durch Passkontrolle, und dann rechts, kommt man automatisch zu B 32. Hamma Pass dabei…?"

„… können Sie auch in B einchecken, wenn Sie das hier nicht schnell genug geht!" (Vorwurfsvoll) „Wofür haben wir denn da oben so viele Schalter! Da ist nichts los, und die Passagiere beklagen sich immer, dass es hier so lange dauert!"

„… kann man nicht ohne Visum nach Moskau fliegen. Braucht man kein Visum nach Warschau, aber nach Moskau schon…"

An diesem—wie bereits erwähnt—hektischen Vormittag wäre unsere Teamkollegin mehrmals beinahe der Versuchung erlegen, die Disponenten anzurufen, um sie von ihrem praemortalen Fegefeuer zu erlösen, aber sie blieb tapfer und hielt durch. Fairerweise behielt sich unser Supervisor vor, ihr allein für diesen überstandenen Tag eine „1" in „Belastbarkeit" zu geben…

Gäste aus der Neuen Welt

In den Langstreckendschungel von Modul B hat gegen Ende der Neunziger die *Ungeteilt* Einzug gehalten. Die Amerikaner sind mit einem Direktflug über IAD nach LAX eingerückt, der von uns „gehandelt" wird.

Von uns?

Nein, nur ein kleiner, eingeschworener Haufen ambitionierter Mitarbeiter wagt es, sich der Fremdlinge anzunehmen. Es handelt sich um Kollegen und –innen, die in der *Ungeteilt*-Abfertigung eine riesige, einmalige Chance sahen, dem Abfertigungsstress unserer regulären *IA*-Abflüge für eine Weile zu entrinnen.

Amerikaner sind anders als Europäer. *Völlig* anders. Es fängt damit an, dass der Durchschnittsamerikaner gar nicht erst die nötige Kohle mitbringt, um sich einen Flug nach Germany leisten zu können. Folglich handelt es sich bei unserer *Ungeteilt*-Klientel überwiegend um ältere Semester (wenn man die ganzen Juppys außer acht lässt), die wenigstens einmal im Leben auf Neuschwanstein und im Hofbräuhaus gewesen sein wollen.

„Wir Yankees," teilte uns unser EDV-Lehrer mit, „wollen keine Effizienz. Wenn's sein muss, warten wir vor euren Schaltern bis in alle Ewigkeit. Aber wir wollen, dass ihr uns mit Namen ansprecht; wir wollen genaue Instruktionen, wo wir als nächstes hin müssen; wir wollen von euch den Corporate Smily; und je mehr Airliner unsere Tickets anfassen, desto zuversichtlicher sehen wir der bevorstehenden Flugreise entgegen."

Mit anderen Worten: Macht bloß keinen deutschen Stress! Uns ist es vollkommen Sausage, was ihr mit uns macht, so lange ihr es nett und zuvorkommend macht.

Die Fragerei der Sicherheitsmannschaft ist das erste, woran du dich gewöhnen musst. „Wer hat Ihren Koffer gepackt? Wo und wann sind Sie zum letzten Mal mit Sprengstoff in Berührung gekommen? Hat Ihr Koffer Verbindungen zu links- oder rechtsextremistischen Organisationen? Wie haben Sie ihn bloß so voll gekriegt?" und so weiter. Was mich jedoch am meisten wundert, ist nicht etwa die Tatsache, dass die Passagiere (in der Hauptsache Amerikaner) sich dies Gesabbel in aller Seelenruhe anhören und dabei nicht ausrasten, sondern vielmehr die, dass die Sicherheitsleute selber dabei nicht die Nerven verlieren. Entweder sie haben gar keine, oder sie kriegen ein mörderisches Gehalt.

Das nächste sind die Bordkarten. Es wäre ja viel zu einfach gewesen, die Patent-Umschläge von *IA* zu verwenden: Nein, es mussten original *Ungeteilt*-Kärtchen her. Damit ist der zweifach abgewinkelte Draht, mit dem wir unsere Tickets nur noch in absoluten Notfällen konfrontieren, wieder populär geworden: Es wird geklammert, was das Zeug hält. Excess an Ticket, Ticket an Bordkarte, und das ganze wird mehrfach gestempelt, denn ohne Stempel hat kein Amerikaner dieser Welt das Gefühl, ernst genommen zu werden. Erst, wenn knallrot und quer über alle Endorsements das *Ungeteilt*-Symbol und die Aufschrift „Used" geballert wird, atmet der amerikanische Passagier auf: Jetzt sieht er, dass er in guten, bürokratischen Händen ist, dass alles seine Ordnung hat und dass er beruhigt sein letztes Weißbier schlürfen kann, bevor er zu seinem laschen Old Milwaukee zurückkehrt. Dass wir gerade mal 45 Minuten Verspätung haben, weil die Mühle sich erst kurz vor Schedule in München blicken lässt, interessiert ihn weniger; Hauptsache, er hat seinen Stempel.

Natürlich wird er dir seine Bordkarten hin und wieder zum Begutachten vor die Nase halten, um sich zu vergewissern, dass er nichts mehr von dir braucht. Das ist

70

normal. Der Amerikaner will, dass du seine Tickets streichelst, dass du sie mindestens fünf, sechsmal anfasst, sie eingehend betrachtest und zu dem Schluss kommst, dass alles okay ist, dass es noch ein Weilchen dauert und dass er sein Weißbier in Ruhe austrinken kann. Es ist ein bisschen wie bei Miss Sophy und James. Der Amerikaner erwartet auch nach dreimaligem Fragen, ob denn das hier das Gate für die Washington sei, dass du ihm geduldig versicherst, yessir, you're in the right place, just another ten minutes until we're boarding, yepp, you've got an aisle seat, it's a bulkhead too, and a damn nice one, lemme have a look at your itinerary, well, no problem, you'll easily make it to your connection, and have a nice day. Er wird auch nicht ungehalten, wenn er beim Einsteigen schon wieder gefragt wird, was in der Zwischenzeit mit seinem Handgepäck los war und ob er was von Dritten erhalten habe. Wenn dem Durchschnittsdeutschen bereits entnervt die Schädeldecke wegfliegt, schenkt dir der Ami ein Lächeln und meint lässig, dass Munich doch ein schöner und sauberer Airport sei. Lediglich eines bereitet vielen Bürgern der Neuen Welt Kopfzerbrechen: die Frage, weshalb man denn unseren Flughafen statt nach König Ludwig nur nach einem völlig unbekannten Politiker benannt habe.

Und so ging es also los. Am ersten Tag wurde Gate B 15 von oben bis unten mit Ballons und Girlanden geschmückt, ein Mikrofon und Lautsprecher wurden aufgestellt, das ganze war eingerahmt von einem typisch amerikanischen Buffet (Sandwiches und Buffalo Wings als Fingerfood), und um den Eindruck des Besonderen vollkommen zu machen, trat eine Dreimannband auf, die sich weder durch das Buffet noch durch irgendwelche finanziellen Angebote davon abhalten ließ, bayrische Dicke-Backen-Musik zu spielen. Entweder hatten die Herren noch nicht genug Weißbier getankt, oder die Trompete konnte in der trockenen Luft plötzlich nur noch im Dreivierteltakt tuten; jedenfalls klang das „Muss i denn, muss i denn zum Städtele hinaus" eher wie „Mei hoffentlich san's boid in Amerika". Die *Ungeteilt*-Kammermusik hatte jedoch auch ihr Gutes: Während des Getöses traute sich niemand so recht, am Gate einzuchecken. Das war unser Glück, denn a) funktionierten die Computer nur intervallweise, b) waren sich die Sicherheitsleute nicht recht einig, wo sie sich in all dem Chaos aufbauen sollten, und c) hatte eigentlich keiner von uns eine Ahnung, was am Gate so alles zu tun war. Das war übrigens das einzige, was uns augenscheinlich mit den „erfahrenen Helfern" verband, die von anderen *Ungeteilt*-Stationen hergeschickt worden waren.

„This music makes me wanna dance," erklärte ein Amerikaner in mittleren Jahren begeistert, während wir seine Tickets hin und her reichten und hofften, dass wenigstens die Musik bald aufhörte. „Can't you make those guys play for us every time we're here…?"

Als schließlich die Ansprachen unserer Chefs überstanden waren und das Buffet schon ziemlich abgegrast aussah, wagte uns doch der eine oder andere zu fragen, was denn hier die occasion sei und ob der Flug denn wenigstens heute mal pünktlich rausgehe, wo wir doch sonst immer so viel Verspätung hätten. Außerdem müssten sie ja mal betonen, dass das Einchecken im Transit noch nie so katastrophal organisiert gewesen sei wie hier in Munich. Ich gab den Leuten insgeheim Recht und versuchte, die Zwangspausen, die mir mein Drucker auferlegte, mit etwas Smalltalk zu überbrücken.

Rückblickend darf man sagen: Nachdem der Affenzirkus des Erstfluges vergessen und das Chaos der ersten Woche verstrichen ist, sind relativ schnell Anzeichen der Professionalität erkennbar geworden. Man weiß nicht mehr nur, was fehlt, sondern hat inzwischen erkannt, wo man suchen muss—und das ohne Bordkartenleser.

Wenn's jedoch an die Ansagen geht, scheint noch niemand so genau zu wissen, was zu tun ist. Gewiss, es gibt da jede Menge Beispielansagen und Vorschläge, aber wenn man sich nach denen richten wollte, wäre man länger beschäftigt als bei der *Dreieck*. Hier eine Kostprobe aus den *Ungeteilt*-Schulungsunterlagen:

„As a reminder… please have your boarding passes out and available as you approach the boarding pass reader (as applicable… enter the doorway marked). We are now ready to begin boarding customers seated in the main cabin by row numbers beginning from the rear of the aircraft working our way toward the front. This makes the boarding process much smoother and helps to get your flight out on time. Please listen for your row number and be prepared to board only when you hear your row number is being called… We will now begin boarding with rows… to… (Repeat until all rows have been called.)"

Und so weiter. Alles dieses kommt natürlich erst, nachdem der Sermon für First-, Business- und „Mileage-Plus-Premier-Passagiere" abgespult worden ist. Derweil hängen sich mindestens drei Kolleginnen bei SFO, ORD und LHR an der Mikrofonschnur auf und verzichten freiwillig auf ihre Abfindung.

Was tatsächlich angesagt wird, klingt in der Regel etwas improvisiert. Aber alles ist besser als eine amerikanische Standardansage, auch wenn's in bayrischem Englisch kommt. Oiso nachert, servus everybody and pfia Gott in Munich!

Hinterm Mond

Das „Zelt", wie die Blechhalle in Abflug C genannt wird, beherbergt neben einem Duty-free und einer kleinen Snackbar hauptsächlich die Gates C 20 bis 30. Es sind die gemütlichsten Warteräume im ganzen Terminalgebäude, weil a) Filzteppich verlegt ist und b) nicht ständig irgendwelche Ansagen über den Äther dröhnen. Außerdem stehen überall zwischen den hölzernen Schaltertischen riesige Blumenkübel aus feuerfestem Edelstahl, in denen feuerfeste Hydrokulturen gedeihen. Das graugelb gehaltene Interieur deutet auf verstärkte *Imbiss-Air*-Präsenz hin; die offene Stahlkonstruktion der Halle im Aldi-Stil auf die dazu passenden finanziellen Verhältnisse.

Wenn ein Kollege (gemeint ist der bereits erwähnte aus Westfalen) nun ohne Brille bei Ausgang C 23 hockt und gemütlich seine Inbounds checkt, sieht er gegenüber soeben noch die Anzeigetafel von Gate C 26. Bei 0,75 Dioptrien kann er jedoch nur ungefähr erahnen, was drauf steht. Er will's ja auch, genau genommen, gar nicht wissen. Es interessiert ihn nicht. Er kümmert sich nur um seine Inbounds, bis er von einer Gruppe junger Manchesterianer in die Realität zurück geholt wird.

„Is the Manchester flight delayed?" will man von dem Kollegen wissen. „Waruhm war nikt gemakt worden ein Dörksage?"

„Eh!" Der Kollege reißt die Augen auf, um besser sehen zu können, und stiert angestrengt nach gegenüber.

„Wieso delayed?" hakt er nach. „Why verspätet?"

„Weil da ist niemand an die gate," erklärt Manchester a capella.

Nun gibt es eine schnuckelige EDV-Eingabe, mittels derer man ungefähr sieht, welche Flüge wo und wann nach, sagen wir, Manchester rausgehen. Sie liefert unserem Kollegen die Erkenntnis, dass in der Tat bei C 26 demnächst was passieren muss: Zehn Minuten bis S.D.! Und keiner da, der eine Dörksage gemakt hat!

„Ja meine Fresse," murmelt der Kollege, während er den Hörer vom Telefon rupft und den Einteiler anklingelt. Die Dame, die sich meldet, ist zunächst genauso baff wie der Kollege:

„Nicht besetzt!? Das ist doch… die Kollegin ist nämlich Einsteigerin bei der Athen und kommt dann sofort rüber… aber dass es so knapp würde… da kann doch was nicht… wann soll die Manchester denn… aber… aber das ist doch erst in 1¼ Stunden! Schauen Sie doch mal auf die Uhr!"

Nachdem Herr Manchester ungefähr dreimal gestutzt hat, geht ihm auf, dass da was nicht stimmen kann. Ein Blick auf sein Zeiteisen, und die Sache ist klar. Eigentlich hätte er es wissen müssen: Einem Engländer ist es völlig fremd, sich in Bezug auf lokale Gegebenheiten anzupassen. Wenn er verreist, nimmt er sogar seine Zeitzone mit und besteht auch in München darauf, dass sich der Flugplan nach Greenwich richtet. Und gutgläubig, wie unser Kollege ist, gleicht er den kleinen Unterschied zwischen Sommerzeit und UTC rein gefühlsmäßig mit einer Kompromissstunde aus. Zumindest ist das die Erklärung, die er später gegenüber der Personaldisponentin abgab. Bedeutend schwieriger war es, den Engländern klarzumachen, dass sie während ihres Aufenthaltes auf dem Festland offensichtlich hinterm Mond gelebt hatten.

Es kann natürlich auch sein, dass in der Abgeschiedenheit der Interimshalle einfach alle Uhren anders gehen… wie in England halt…

Zehn Silberlinge

Zu den kleinen Freuden des Lebens zählen am Flughafen in erster Linie Pünktlichkeit, immer ein kleines bisschen mehr Service, als man eigentlich verdient, und—als Gegenleistung—nette Vielflieger.

Mit Punkt eins haben wir keine Probleme, da er unter „Nichtzutreffendes streichen" fällt.

Punkt zwei? Nun ja, wir bemühen uns. Wenn dich ein besoffener Nordländer mit überschwänglicher Freundlichkeit begrüßt („Check all the way to Malmö! Aisle seat!") und dir seine zentnerschweren Skier vor den Schalter pfeffert, hast du für seine Bretter einen passenden Pariser aus schwedensicherem Polyethylen, den er mit Sicherheit nicht verdient hat, zumal er dann zur Abflugszeit ohnehin erst auf den letzten Drücker aus dem Duty-free angelatscht kommt.

Bei Punkt drei, den „netten Vielfliegern", könnte man sich beinahe der Rubrik von Punkt eins bedienen—wenn es da nicht doch die eine oder andere rühmliche Ausnahme gäbe. Andererseits ist es inzwischen so, dass sogar der Regelfall—also der normal veranlagte Silberling—zum Amüsement beitragen kann.

Die Szenerie ist altbekannt: Handyträger vorm Schalter, Mitarbeiter macht Anstalten, den verpassten Flieger aus Köln zurück zu holen, das Handy ist dem Ende nah, der Kollege… nun, da muss ich etwas weiter ausholen.

Der Kollege, um den es hier geht, zeichnet sich durch eine gewisse Feingliedrigkeit aus, verbunden mit einer südländisch angehauchten Aura. Wenn er spricht, wählt er seine Worte sorgfältig und bleibt stets höflich, auch, wenn er jemandem wie mir zu verstehen gibt, dass ich vom Sternzeichen her ja bloß eine Waage bin und dass meine Frau gewiss nur ein Mädchen zur Welt bringen wird. Seine Diagnosen in Bezug auf Alter, Tierkreiszeichen und sexuelle Neigung treffen immer ins Schwarze.

Dieser Kollege wurde nun von besagtem Handy in voller Lautstärke für alles verantwortlich gemacht, was dem Gast an diesem Morgen schon widerfahren war, angefangen mit dem nicht frischen Sandwich vom Herflug, den langen Wegen am Airport, den teuren Taxis, und ähnlich interessantem Kram, worauf unser Kollege schließlich selber die Stimme erhob.

„Schreien Sie mich nicht an!" erschallte er. „Ich bin *sensibel*!"

Da sind uns die sogenannten „normalen" Kunden schon lieber, zumal die etwas höflicher an die Sache rangehen.

„Wenn ich vielleicht noch einen Wunsch äußern dürfte, dann hätte ich gern einen Gangplatz…"

Die Kollegin nickt jovial. „Hmja, den dürfen Sie gerade noch äußern."

So sind die Leute. Die einen halten immer die Hand auf und nörgeln rum, wenn sie nur das kriegen, wofür sie auch bezahlt haben; die anderen freuen sich über alles, was man für sie tut, und wenn es noch so selbstverständlich ist.

„Dös is aber a Niederlage," meinte ein Paar Geheimratsecken aus Wien, als er sein Golfgepäck mittels eigener Beinkraft vom First-Class-Schalter zum Sperrgepäck bringen sollte. Geh heast!

Das andere Extrem begegnete mir neulich am *Ungeteilt*-Check-in. Es handelte sich um einen Texaner reinsten Wassers (im Verlauf unseres Gespräches erzählte er mir, wie toll er Füssen und das Hofbräuhaus gefunden habe), und als ich dann endlich dazu kam, ihm zu

sagen, dass die Plätze schon vorreserviert seien, bemerkte er: „Good man! It feels so good to talk to an English-
speaking person after all those days! Good man."

Ich war so frei, ihn gleich durchzuchecken bis Den-
ver, und erklärte ihm den Kram mit dem Zoll in Washington…

„Yessir, thank you sir. Good man!"

… dass er daraufhin nur noch umzusteigen brauche…

„Wow! Good man! Good job! You *really* know what
you're doing!"

… und dass Gate B 17 hinten in Abflug B sei.

„Wonderful! Ain't he a good man! Thank you sir! It's
been a pleasure talking to you. You *are* a good man."

Ich weiß nicht, ob es anderen auch so geht: Von so
einem Gespräch kann ich zehn Vielflieger lang zehren.

Winterfreuden

Die Passage teilt sich in zwei Gruppen: die S-Bahn-Fahrer und die Autofahrer. Es sind, glaube ich, keine Radfahrer oder Fußgänger unter uns.

Ich selbst gehöre zu den Autofahrern. Das liegt zum einen daran, dass ich die Preise des MVV als unverschämt empfinde; zum anderen gibt es noch keine S-Bahn-Linie, die Notzing mit dem Erdingermoos verbindet.

Wer den Angestellten-Parkplatz beim Kempinski kennt, weiß, dass er während des Mitteldienstes fast ausschließlich mit Fiat-Tipos und VW-Golfs vollgestopft ist. Die wenigen Bonzenschleudern unserer Teilzeitlerinnen mit Trauschein und Steuerklasse 5 fallen da kaum ins Gewicht. Die Masse unserer Mitarbeiter fährt nun mal Golf, und zwar genau die Baujahre, die überwiegend in den Farben Rot und Schwarz vom Band gelaufen sind.

Mein Golf ist weiß, dreitürig und einschlössig—zumindest im Winter, wenn Schnee drauf liegt, der Lack rundum versalzen ist, die rechte Hintertür sich nicht öffnen lässt und die beiden Schlösser an Beifahrertür und Heckklappe zugefroren sind. Sonst ist er rot und hat vier Eingänge.

Nun habe ich ohnehin schon genügend Schwierigkeiten, nach einem stressigen Tagesdienst mein Auto wieder zu finden. Meistens erkenne ich's dann an den Aufklebern. Aber im Winter sind die von einer fingerdicken Salzkruste bedeckt, und ich bin gezwungen, das Nummernschild zu Hilfe zu nehmen. Denn das ist mit einem einprägsamen blauen Europa-Fleck versehen.

Es war nach einem Tagesdienst, und es war Winter. Ich schlurfte mit einer Kollegin, die gleichzeitig mit mir

Feierabend hatte, in Richtung Parkplatz und lief zielstrebig auf meinen blauen Eurofleck zu. Das Auto hatte ich am Tag zuvor leichtsinnigerweise durch die Waschanlage gefahren, obwohl die Temperaturen unter Null waren. Von daher rechnete ich mit gewissen Schwierigkeiten, denn wie alle klugen Autofahrer bewahre ich meinen Türenteiser natürlich im sicheren Handschuhfach auf.

Zunächst brauchte ich zehn Minuten, bis ich den Neuschnee und die Eisschicht von den Scheiben gekratzt hatte. (Den Eiskratzer hatte ich, Gott sei Dank, immer in der Tasche.) Danach wagte ich mich mit einer gewissen Skepsis an das Türschloss.

„Wenn's nicht geht, fahre ich dich schnell zur Tankstelle," bot meine Kollegin an. „Da haben sie gewiss auch Enteiser."

Ich schüttelte den Kopf. „Das bisschen Schloss tauen wir schon auf," meinte ich optimistisch. „Fahr du mal nach Hause zu deinen Kindern."

Ja Pustekuchen: Der Schlüssel passte zwar noch ins Schloss, aber drehen ließ er sich nicht. Bei der Beifahrertür hatte ich ebenso wenig Erfolg. Und die Heckklappe brauchte ich gar nicht zu probieren, weil da ohnehin ein anderes Schloss eingebaut ist, für das ich wegen der Zentralverriegelung nicht mal einen Schlüssel dabei hatte.

Als die Kollegin weg war, sah ich mich vorsichtig um, ob die Luft rein war. Anschließend ging ich neben der Fahrerseite in die Hocke und blies ein paar Mal kräftig in das vermaledeite Schloss, mit dem Erfolg, dass ich hinterher schwarze Lippen hatte und das Auto immer noch zu war. Außerdem gab es dann doch so einige Kollegen, die meinen Blowjob beobachtet hatten und nun der Ansicht waren, ihre ungeheuer hilfreichen

Kommentare loswerden zu müssen. Inzwischen verfluchte ich meine Idee, die Kollegin weg zu schicken, bis ins Detail.

Auf den Gedanken, mal einen Blick ins Innere des Autos zu werfen, kam ich erst nach mehreren weiteren Blasversuchen. Es handelte sich tatsächlich um dieselbe Ausführung meines Golf GL, Baujahr 86, nur hatte der, den ich aufgeblasen und frei gekratzt hatte, grüne Sitzbezüge. Meiner hatte graue und stand genau drei Boxen weiter in derselben Reihe. Es war auch keines der Schlösser zugefroren.

Ich achtete dann sehr genau darauf, dass mich von den Kollegen keiner dabei sah, wie ich zu meinem eigenen Golf rüber geschlendert bin. Wahrscheinlich hat sich an diesem Tag jemand sehr darüber gefreut, dass er abends keine Scheiben frei zu kratzen brauchte. Ich merke lediglich an, dass ich die spöttischsten Kommentare zu dieser Story später von S-Bahn-Fahrern geliefert bekam. Und die möchte ich sehen, wenn sie im Winter ihre zugefrorenen Waggons erst frei räumen und auftauen müssten!!!

Adidas und Gingerasho

Mit einem Mal ist die Abflughalle leer. Du spürst, wie allmählich wieder atembare Luft an dir vorbei weht: Es scheint, als sei die Klimaanlage endlich Herr der Lage.

Deine Gate-Tür schließt sich langsam. Es ist wie nach dem Sex: Du wischst dir den Schweiß von der Stirn, denkst, gut, dass es vorbei ist, und sehnst dich nach einer Zigarette—die dir am Gate der Frankfurt genauso wenig gestattet ist wie in einem Rauchmelder-gesicherten Motelzimmer. Dies ist der Moment, da du einen vorsichtigen Blick auf den Monitor der Boarding Control wirfst.

219 PAX eingestiegen, einer holt noch fix seine Süddeutsche, zwei fehlen. Na ja.

„Ja Kruzitürken, wer is'n des scho wieder!?"

Deine Chefin schaut angestrengt auf die Anzeige, die ihr die Namen der Nachzügler verrät, und schüttelt den Kopf. „Weiterflug nach Addis Abeba," murmelt sie. „Und die Namen kann koa Mensch ned ausleg sprecha."

Der Schlumpf mit der Zeitung geht an Bord. Also nur noch die beiden Äthiopier. Gut, denkst du, dass man im Motel wenigstens keine Ansagen machen muss, wenn's schon nichts wird mit der Marlboro.

Du rupfst das Mikro vom Pult. „Wir bitten die Passagiere… Khamyattambili und Nginyarashombili, gebucht nach Frankfurt, im Weiterflug nach Addis Abeba, bitte kommen Sie quasi zu Ausgang… A… einundzwanzig. Passengers Khambiliyatta und Ginbiliasho, booked to Frankfurt, with connection flight to Addis Abeba, please proceed to gate… A… to the gate immediately!"

Deine Chefin blickt auf die Uhr. „Ja Kruzitürken! Allweil schleichen's noch im Duty-free umanand!"

Besagte Hallenchefin ist bekannt für ein resolutes, selbstsicheres Auftreten und eine entsprechend rustikale Ausdrucksweise. Meistens trifft sie mit ihren Prognosen über den Verbleib der Passagiere voll ins Schwarze, doch diesmal sollte sie sich irren.

„Mei, so a Kaas!" Sie greift entschlossen nach dem Mikrofon. „Passagiere Khamyattabili und Gingerasho… wia hoaßt des? Gingerashobili, gebucht nach Adidas… Addis Abeba, kommen Sie umgehend zu Ausgang A 21, wir schließen den Flug!"

Sie braucht nicht lange zu warten: Schon nach wenigen Minuten kommt jemand in Richtung Gate gehechelt, ein kleiner, afrikanisch anmutender Herr in mittleren Jahren. Seine Hose kann selbst der Jangtze-Flut locker das Wasser reichen, da sie soeben bis an seine Socken hinab reicht. Er trägt nicht einmal ein Handköfferchen bei sich—ganz zu schweigen von der Plastiktütensammlung, die du eigentlich erwartet hättest—was ihn auf einen Schlag zum Sicherheitsrisiko macht.

„Ich warten meine Braut," radebrecht er wild gestikulierend. „Nix weiß wo Braut! Warten!"

„Gar nix warten!" radebrecht die Chefin zurück. „Einsteigen, und zwar pronto!"

„Aber ich kann nix fliegen ohne Braut!" Der Äthiopier ist völlig fertig. „Mussen warten."

Da du dich im fortgeschrittenen Frühdienst-Stadium befindest und an diesem Morgen erst einen Kaffee hattest, beschließt du, die Gemüter etwas zu beruhigen.

„Wo haben Sie denn Ihre Braut überhaupt gelassen?"

„Nix wissen. Nix fliegen. Warten nächstes Flieger."

„Des wern mer scho sehn!" Der Supervisor greift noch einmal, aber dafür um so energischer, zum Mikrofon. „Frau Adidashobili, kommen Sie jetzt sofort zu Ausgang A 21, Ihr Flug wird geschlossen!!"

Natürlich kommt keine Menschenseele, ganz zu schweigen von einer Adidashobili. Aber um das unzweifelhaft aufgegebene Gepäck nicht ausladen zu müssen, greifst du schon mal zu außergewöhnlichen Mitteln.

„Kann nix fliegen Franfu, mussen warten Braut!"

Dein Supervisor weist drohend in Richtung Ausgang. „Und Sie steigen jetzt ein, sonst gibt's Eisballett! Dann fliagn's hoit alloa! Ehana Bilibili schick'mer nachert mit der 143, die geht in oanahoib Stund!"

Es ist allmählich an der Zeit, dem Familiendrama ein Ende zu machen. „Mein lieber Herr Khamayatta," lässt du dich vernehmen, „jede Minute Verspätung, die wir wegen Ihnen machen, kostet Sie zweitausend Mark."

Die heiße Windbö, die an dir vorbei weht, wird—ebenso wie der plötzlich entstandene Geruch nach Angstschweiß—nach und nach von der Klimaanlage verdrängt: Herr Khamyattambili hat sich innerhalb eines Sekundenbruchteils in Speedy Gonzalez verwandelt und sitzt schon angeschnallt auf seinem Platz, während die Goldjungen in Reihe eins noch ihr Handgepäck verstauen. Gott sei Dank hast du in einer Reflexbewegung noch das äthiopische Ticket an dich genommen.

„So, und jetzt schmeiß i die Bilitant'n naus," erklärt die Chefin. „Kannst dein Abschluss nunter bringa."

Das wäre geschafft. Bleibt noch anzumerken, dass die glückliche Braut des Herrn Khamyattambili während des ganzen Zinnober seelenruhig in Halle B gesessen war, wo sie inmitten ihrer umfangreichen Plastiktütensammlung auf den Abflug gewartet hatte. Man munkelt, dass sie wahrscheinlich ganz froh gewesen wäre, wenn sie den Zubringerflug in den Hafen der Ehe komplett verpasst hätte, aber die Kollegen, die sie dann (mehr oder weniger zufällig) dort fanden, haben ihr dann doch zu ihrem Glück verholfen. Jetzt heißt sie Nginyarashombili-Khamyattambili—es sei denn, sie hat sich in Frankfurt irgendwie ein kleines bisschen verlaufen…

Briefing in Halle 6

Unsere Gesellschaft kommt ohne Massenmedien nicht mehr aus. Ob es das Radio, der Fernseher oder die althergebrachte Zeitung ist, es wird informiert, dass die Heide wackelt.

Nicht jede Airline kann sich rühmen, eine eigene Zeitung zu haben. Andererseits hat auch nicht jeder Mitarbeiter Zeit und Muße, so eine Zeitung zu lesen. Daher ist irgendwann ein findiger Kopf auf die Idee gekommen, in unserem EDV-System eine Datei einzurichten, in der die wichtigsten Artikel aus dem konzerneigenen Propagandablättchen *Schnellimbiss* sowie allgemeine, Airline-spezifische Pressemeldungen zusammengefasst werden.

Schon ist das Problem gelöst: Wenn in B gerade Flaute ist, gehst du entweder zum Feinkostladen oder zum Klo—oder ziehst dir *aus deiner eigenen Workstation* die neuesten Aktienkurse rein. Wahnsinn! Und wenn du weiter liest, erfährst du, dass die *IA* drei Milliarden in neue Airbusse und keinen Pfennig in eine Gehaltserhöhung investiert hat.

Oder du blätterst etwas weiter (in deinem Monitor) und stößt auf eine interessante Meldung, die zumindest einen demnächst fälligen Mitteldienst etwas versüßen dürfte: Am soundsovielten August steht in Halle 6 ein A-340 zur Besichtigung, komplett mit neuer Business und First. Und genau solche Sachen suchen wir ja immer fürs Teambriefing.

Du zitierst deine Chefin herbei und zeigst ihr den Artikel, mit dem Zusatz „Na, wär das nicht? Das wär doch, oder?" worauf sich dein Supervisor, begeistert über so viel Eigeninitiative, umgehend eine Notiz macht: Achtung Dispo—Team X am soundsovielten August von fünf bis sechs nicht einteilen. Total wichtiges Briefing in Halle 6!"

Als der große Tag dann da ist, weißt du schon gar nicht mehr, was du letzthin noch mit deiner Chefin besprochen hast. Du kommst zum Dienst, schaust auf die Einteilung, denkst dir: Komisch, wieso hab ich zwischen halb fünf und sechs so eine große Lücke, triffst deine Teamkollegen, die sich über dasselbe wundern, und gehst zu deinem ersten Flieger. Es dauert nur eine halbe Stunde, bis dir dein Supervisor über den Weg läuft. Sie grinst über alle vier Backen und röhrt dir schon von weitem entgegen:

„Du mit deinem A-340! Jetzt hab ich extra für alle eine Stunde Briefing ausgehandelt und will mit euch zur Halle 6 rausfahren, und dann erfahre ich durch einen dummen Zufall, dass die Halle 6 in Frankfurt ist und nicht in München. Erzähl du mir mal, wie wir das in einer Stunde schaffen sollen!"

Leider war die 151 zu vollgestopft, um ernsthaft über eine Jump-Liste von zehn Leuten nachzudenken. Aber da es an besagtem Tag im Arbeitsraum genug Kuchen und andere Leckereien gab (rein zufällig natürlich!), war es kein Problem, die eineinhalb Stunden vor dem Abend-Peak in angenehmem Ambiente zu überbrücken…

Das Beißen der Hunde

Es gibt Tage, da sollte man gar nicht aufstehen. Wenn man's wider besseres Wissen doch tut, ist äußerste Vorsicht angebracht. Zum Beispiel sollte man sich an solchen Tagen den Gang zur Arbeit dreimal überlegen—insbesondere bei einem Mittel- oder Nachtdienst.

Die mittleren haben es in sich. Nicht nur, dass du mit einem Haufen überbratener Flieger und sporadischen Check-in-Zeiten bei der *Himmelblau* zu tun hast, nein! Das wäre ja smooth and easy! Es ist die Hardware, die dir zu schaffen macht. Das ewige Spielchen mit unseren tollen Computern, die andauernd die Biege machen; die ewige Rumrennerei von A nach C und von D nach Z; die Drucker, an denen du dir ständig blaue Flecken holst; die Gepäckbänder, die ein Eigenleben führen und zu den unmöglichsten Zeiten Pause machen; die Schlüssel, die du bei D15 vergessen hast; und, und, und. Du kannst dich bei deinen drei abendlichen Düsseldorf-Fliegern zu Tode geärgert haben, weil irgendwelche oberwichtigen Silberlinge die ganze Zeit rumgemosert haben, aber wenn du danach deine Files ablegen willst und der alte Locher wieder nur ein ausgefranstes Löchlein in deinen Papierstapel macht, kochst du über.

„Hat jemand Zeit?"

Es ist jedes Mal erstaunlich, wie schnell sich auf diese Frage hin der Arbeitsraum leert. Den letzten, der sich zunächst ein paar Mal umsieht, ob auch sonst wirklich niemand mehr in der Nähe ist, beißen die Hunde.

„Eh, ja, fünf Minuten hätte ich schon…"

„Dann suchen Sie mir doch bitte mal die 5051 raus, da muss noch eine FIM rein."

Dein Blick fällt auf die drei prall gefüllten Nylonsäkke, die bereits abholbereit in der Ecke des Arbeitsraumes lauern. Du schluckst, überlegst blitzartig, wie du dich vielleicht doch noch rauswinden könntest, aber dir fällt natürlich nichts ein. Also reißt du dich zusammen, gibst dir einen Ruck und erwiderst spontan:

„Aber gern, mit Vergnügen, haben wir gleich, Sie mich auch, eine Sekunde!"

Und damit bist du für den Rest deines Dienstes geleimt, denn—

a)   lassen sich die Ticket-Tüten gar nicht so leicht aus den Säcken heraus schütteln, weil sie sich ständig irgendwie verhaken oder verkanten;

b)   öffnen sich bei diesem Vorgang mindestens drei schlecht geklebte Tüten, darunter eine Frankfurt und eine Langstrecke, so dass sich etwa 350 Flugscheine, drei MCOs und 28 Upgrade-Voucher gleichmäßig zu deinen Füßen verteilen;

c)   sind die Manifeste zweier extrem gut zugeklebter Tüten noch nicht ausgefüllt;

d)   kommt gewiss irgendein Depp daher, der entweder eine spöttische Bemerkung macht oder dir auf so umständliche Weise zu helfen versucht, dass du ihn gleich weiter schickst;

e)   konntest du die 5051 gar nicht finden, weil du sie ohnehin noch in der Tasche hattest (diese Flugnummer war dir gleich so bekannt vorgekommen!); und

f)   war die Telex-FIM bereits in der Tüte.

Wenn du statt auf langweilige Check-in-Arbeit auf echte Abenteuer aus bist, machst du einen Spätdienst und meldest dich freiwillig zum Material-Auffüllen. Aber zieh dich warm an…

Unser—angeblich supermoderner—Flughafen verfügt über eine Vielzahl von Möglichkeiten, von X nach Y zu kommen. Ergo würde jeder Physiker annehmen, dass es eine genau gleich große Anzahl von Möglichkeiten für den Rückweg gibt, also von Y nach X.

Dem ist, bedingt durch die Tücken der Terminal-Topografie sowie unüberwindbare behördliche Hindernisse, nicht so. Vielmehr sollte man sich, bevor man den langen und gefährlichen Weg zu unserem Materiallager einschlägt, sehr genau über die Reiseroute klar werden.

Es beginnt bei der Marschausrüstung. Da unser Arbeitsraum zwar im öffentlichen Bereich zu ebener Erde mit dem 5. Stock abschließt, jedoch vom Transitbereich aus nur über eine kleine Treppe zugänglich ist, ist es ratsam, sich erst unten in der Einreise A mit einem Wägelchen zu bewaffnen. Damit gehst du zum kleinen Rollstuhl-Lift hinten beim Duty-free, fährst einen Stock tiefer, gehst durch die Glastür aufs Vorfeld raus, nebenan bei OPS wieder rein, durch zwei weitere Verbindungstüren, den Gang entlang bis zum Lager, und dort stellst du fest, dass dein Generalschlüssel nicht passt.

Nachdem du dir vom Supervisor auch den richtigen Schlüssel geholt hast, stapelst du dein Wägelchen mit einem Berg von Kartons voll und trittst den Rückweg an, der jedoch etwas anders verläuft. Du gehst nicht durch die OPS-Türen raus, sondern wanderst durch das feucht-kalte Ganglabyrinth bis vor zur Gepäckanlage, versuchst, das Wägelchen durch eine schmale Glastür mit Kartenschleuse zu zwängen, hältst mit der rechten Hand das eine Türblatt auf, mit der linken das andere, wirfst dich in Missionarstellung über den Gepäckwagen und bringst ihn mit etwas Anlauf ungefähr bis auf Höhe der Herrentoiletten, wo er sich mitsamt den Pappschachteln hoffnungslos an der Wand verkantet.

Nachdem du dich einigermaßen erholt hast, schiebst du deine Tags weiter in den kleinen Personenaufzug und fährst rauf bis Ebene 4. Dort endet die Reise nach oben, weil's ja auch ein bisschen sehr einfach wäre, gleich bis Ebene 5 durchzusausen. Statt dessen geht's vorläufig in der Horizontalen weiter; allerdings ist es von nun an ein Kinderspiel. Links durch den Transport-Durchgang der Trommeltür kommst du zwar nicht, weil wir dafür wieder nicht die passenden Schlüssel haben, aber rechts rum geht's: nur kurz zurück in Einreise A, fix durch den Zoll, jaja, passt scho, alles Schnaps und Zigaretten aus dem geheimen *IA*-Vorrat im Keller, raus zur Ankunft, an den *DüsselAir*-Schlangen vorbei zum großen Fahrstuhl… pffft… rauf zur Ebene 5 und endlich, nachdem du beinahe zwei Goldkärtchen auf dem Weg zur Lounge umgesemmelt hättest, zurück zum Arbeitsraum, dessen Tür natürlich gerade vor deiner Nase ins Schloss fällt. Wenn man unserem ehemaligen indischen Kollegen glauben darf, ist diese Abkürzung noch näher als Luftlinie. Ich habe mal ausgerechnet, dass man zum Lager und zurück (Luftlinie sind's keine 100 Meter) einen guten Kilometer unterwegs ist. Wir können von Glück sagen, dass unser Flughafen so modern ist. Im neuen Terminal werden sie für solche Expeditionen ins Verbrauchsmittelreich erst eine Karawane zusammen stellen müssen…

79 + 2

Man nehme einen 80-sitzigen Avrojet, schicke ihn nach Madrid, überbuche ihn mit einem Passagier—und ergreife prophylaktisch die Flucht. Nein, nicht wegen des stehen bleibenden Gastes, um Gottes Willen! Oft sind es nur die äußeren Begleitumstände, die sich nachteilig auf unsere Gesundheit auswirken.

Nachdem am Gate der besagten Madrid die ersten Hochrechnungen abgeschlossen waren und fest stand, dass bei gleich bleibenden Trends mindestens ein Jumpseat benötigt werden würde, hängte sich die beste Ehefrau von allen ans Bündelfunkgerät. Sie atmete tief durch: Für das, was sie jetzt vorhatte, würde sie einen diplomatischen Rampagenten und jede Menge Fingerspitzengefühl brauchen.

„Die Rampe Madrid fürs Gate," verlangte sie. „Kann ich dir einen Vollzahler auf Jump schicken?"

Die Rampe—es handelte sich um ein bayrisches Urgestein aus dem mittleren Quartär—zuckte über Funk mit den Achseln. „Do muaß i zerscht an Geebdn frogn," meinte er. „Schickst mir d'Leit bis um zehn nach Elfe naus."

Die Kollegin am Ausgang watchte weiterhin mit einem gewissen Unbehagen ihren überzähligen Gast und wartete auf das vertraute Piepen aus dem Bündelfunk, aber es tat sich nichts. Statt dessen schepperte das Telefon: Die Einsatzleitung wollte wissen, was es denn mit dem Zollbeamten auf sich habe, der per Jumpseat nach Madrid fliegen solle?

Die beste Ehefrau von allen zeigte sich ein wenig erstaunt. „Wieso Zollbeamter?" gab sie zurück. „Bei uns war nicht von Zollbeamten die Rede, sondern von einem Vollzahler!"

Es war dies der Moment, da sich der Supervisor entschloss, sicherheitshalber in der Nähe zu bleiben.

„Also da scheint was nicht genau verstanden worden zu sein," meinte die Einsatzleitung. „Denn der Bus war ja auch schon um fünf Minuten nach Elf am Flieger, und der Captain war ja so was von enttäuscht, dass Sie ihm die Gäste so früh schicken, und dann drehen Sie ihm noch einen Zollbeamten auf Jump an…"

Die Manifestiererin des Fluges war mittlerweile auf 180. „Mein lieber Herr Einsatzleitung," erschallte sie, „wenn der Rampenmensch zu dämlich ist, um einen Zollbeamten von einem Vollzahler zu unterscheiden, ist das sein Problem und nicht meins!"

Nun war der einzige, für den sonst noch ein Jump in Frage gekommen wäre, zwar ein ID-Passagier, aber ein fest gebuchter und kein PAD. Dazu kam, dass er bereits mit dem ersten Bus rausgefahren war. Aber man konnte ja mal höflich bei der Rampe nachfragen.

Etwa fünf Minuten später kam immer noch keine Antwort aus Richtung Flieger, was unsere Kollegin veranlasste, nachzuhaken.

„Mei, des konn i dir ned sogn," war die Antwort. „Zu dene bin i no ned firakimma!"

Das war er auch nach weiteren fünf Minuten noch nicht, denn so ein Avro hat ja immerhin zwanzig Sitzreihen. Während der Supervisor nach Luft schnappte und die Augen verdrehte, bückte sich die beste Ehefrau von allen unter ihren Schalter und biss in den Bordkartendrucker.

„Okay." Der Chef beherrschte sich musterhaft. „Schick uns den Vollzahler mit dem ersten Bus zurück, und Feierabend. Abschluss ist dann ‚Full House'."

Nun war der berüchtigte Überläufer nicht nur fest gebucht, sondern auch in fest gebuchten Händen unterwegs. Und ohne so etwas Festes macht die Fliegerei ja nur halb soviel Spaß, weshalb sich die beiden dann entschlossen, gemeinsam in den sauren Apfel zu beißen und dazubleiben. Es war also wieder ein Platz frei, aber zunächst musste der zweite Bus mit den restlichen PA-Xen und den Papieren raus. Derweil wagte es der Supervisor unter Aufbietung seiner letzten Kräfte, noch einmal wegen des Jumpseat nachzufragen.

Die Rampe war noch nicht so weit vorgedrungen.

„Aber jetzert hätt i an Bloodz frei," meinte er eifrig. „Da dadert'n mer an Dschamp goa ned bracha."

„Junge!" Der Supervisor wandte den Blick himmelwärts. „Ich hab hier noch 2 PAXe! In Worten: Zwei!"

„De han z'spaat," erwiderte das Urgestein. „Und den vom Dschamp setz'mer auf an freien Bloodz. I muaß ganz ehrlich sagn, i sich jetza des Broblem ned."

Von allen guten Namen verlassen

Entweder haben einige unserer Gäste enorme Probleme, wenn sie im Laden irgendwas mit ihrer Kreditkarte zahlen wollen, oder die Bank hat bei der Ausstellung derselben nicht so genau hingeschaut; jedenfalls ist es mit dem „guten Namen" manchmal nicht so arg weit her.

Niemand zweifelt daran, dass die Bayern gleich nach den Westfalen die interessantesten Familiennamen hervorgebracht haben. Selbst aus fantasielosen Bausteinen wie Meier oder Müller werden hier wohlklingende Sachen fabriziert. Und wenn du am Check-in sitzt und solche Namensgebilde schwarz auf grün geliefert bekommst, musst du dir überlegen, wie du weiterhin vorgehst: Kannst du es wagen, einen Herrn Honigmüller mit Namen anzusprechen, ohne mittendrin rauszuplatzen? Wie reagiert ein Herr Depperich auf ein mühsam gestottertes „Herr Dedede… Herr De… Herr eh, Fenster oder Gang?" Was sagst du einem Herrn Nothdurfter, der dich zaghaft nach der nächsten Keramikausstellung fragt?

Sicherlich haben wir inzwischen Übung im Umgang mit dem Passagier als solchem, mit all seinen Ecken und Kanten, seinen Plastikkärtchen, Handys und Sonnenschirmen. Wir sind scharenweise ins Psycho-Seminar geschlurft, mit dem Resultat, dass wir nicht mehr *leider*, *aber* und *eigentlich* sagen. Bloß—was tun wir, wenn Herr Urin mit russischem Pass nach Moskau einchecken will? Wie rufen wir Herrn Weichspüler aus dem Duty-free, damit die Düsseldorf endlich vom Hof kann? Und welche Rückschlüsse ziehen wir, wenn Herr Schoas lieber ganz weit hinten sitzen will?

Nein, auf so was hat uns weder die *ImbissAir*-Schulung noch unsere Ausbilderin noch sonst wer vorbereitet. Steve Martin war als Dr. Hfurhurr noch harmlos im Vergleich mit den griechischen Sachen, die wir bei Athen und Saloniki ständig ausrufen müssen. Ich will gar nicht wissen, was Ksakiskeftodopoulos übersetzt heißt; wahrscheinlich irgendwas Banales wie Schwitzmeier, Tschurtschenthaler oder Goscheneder.

Wirklich nachdenklich wirst du erst, wenn am Gate deiner Brüssel die Herren Spaeter und Delay eincheken (ist mir echt passiert!) und dir dein Rampi zwei Minuten danach mitteilt, dass die Technik nur noch fix ein neues Bugrad aus dem Schuppen holt (ist mir haargenau so passiert), so dass die Mühle alles in allem eine halbe Stunde schiebt.

Einer meiner Freunde, der in England als neuzeitlicher Schamane seine Brötchen verdient, hat mir versichert, dass sich jede Seele vor ihrer Reinkarnation genau das Umfeld auswählt, in das sie hinein geboren wird—sprich die Eltern, die Familienverhältnisse etc., und eben auch den Namen. Den Gegenbeweis dieser Theorie triffst du jeden Tag am Schalter: Ich kann mir nicht vorstellen, dass sich jemand, der als Chef der Produktmarketing von Pfanni inkarniert hat, freiwillig den Namen Kloos ausgesucht hat. Aber dann triffst du einen widerwärtigen Silberling namens Ekl, und du kennst dich gar nicht mehr aus.

Nach allem muss man zugeben, dass hier die Spanier die beste Lösung gefunden haben. Dort hat man sich der größeren Übersichtlichkeit halber auf sechs Namen geeinigt, die traditionsgemäß paarweise vergeben werden: Gonzalez, Rodriguez, Ramirez, Hernandez, Gomez und Sanchez. Diese sechs Namen ergeben immerhin sechsunddreißig mögliche Paare! Das reicht für ein ganzes Volk, und wir versuchen heute noch, in unsere Doppelnamen-Emanzen irgendwie Ordnung rein zu bringen...

„Z" wie „Zoobereich"

Es ist einer der typischen Tage am S-Bahn-Check-in, wo du meinst, die *GelbschwanzAir*-Schlümpfe klonen sich schon beim Anstehen vor deinem Schalter. Bei der Ibiza nehmen die Singles kein Ende, bei der Palma stapeln sich die Golfbags, und bei Djerba versucht Herr von Wichtig, für den Flug vom letzten Jahr noch seine Meilen gutschreiben zu lassen. Die Schlangen füllen den gesamten Check-in-Bereich, und hinter den Schalterboxen herrscht transpirative Strebsamkeit.

Während die Kollegin die überflüssige Frage mit dem F- und dem G-Wort stellt, hat sie den Blick auf ihren Monitor fixiert, wo sich der Sitzplan eines vollgestopften Vogels mit gelbem Schwanz ausbreitet. Daher entgeht ihr für den Augenblick, was unmittelbar vor ihrem Counter geschieht. Erst, als sie den dumpfen Aufprall hört, wirft sie einen Blick auf die Schlangen vor sich.

Scheinbar hat sich nichts verändert: Die Leute tippeln genauso ungeduldig von einem Fuß auf den anderen wie immer. Allerdings ist die „Dame" in mittleren Jahren, die vor ihr steht, für Charter-Klientel einen guten Meter zu weit weg, und außerdem—so erinnert sich unsere Kollegin nun—hatte sie die Frage ja einem älteren Herrn gestellt. Von dem ist weit und breit nichts zu sehen.

Das Folgende ist nichts für Nervenschwache. Jemand, der beim „Emergency Room" auffallend oft zum Klo oder Chips holen geht, sollte sich diesen Abschnitt ersparen. Wir bewegen uns hier am Rande des Todes. Szenen aus „Schwarzwaldklinik" sind ein Dreck gegen das, was die Kollegin im Begriff ist, durchzustehen.

Zunächst steht sie vom Schalter auf, rafft ihren Rock und klettert halsbrecherisch über die Waage ins Freie. Nachdem sie unter ihrem Monitor durch ist, findet sie den oben erwähnten Herrn in horizontaler Lage und mit leicht verfärbtem Gesicht vor ihrem Schalter und beugt sich zu ihm hinab, um festzustellen, ob noch irgendwelche Lebenszeichen vorhanden sind. Gott sei Dank, er atmet noch, wenn auch schwach.

Um sich das Bild noch einmal zu vergegenwärtigen: Vor und neben dem Schalter stehen Schlangen, die darauf warten, eingecheckt zu werden. Zu ihren Füßen ein Herr, der (wegen Unterzucker, wie sich später heraus stellt) aus seinen unruhig tippelnden Latschen gekippt ist. Als die tapfere Kollegin mittels einiger Backpfeifen ihre Wiederbelebungsversuche beginnt, macht die Frau in der Schlange einen großen Schritt über den Herrn hinweg, präsentiert ihr TUI-Heftchen und keift:

„Ja wie, machen Sie jetzt nicht weiter, oder was? Wir stehen schon zwei Stunden hier!"

Manchmal, wenn ich so durch den Zentralbereich schlurfe und den Blick schweifen lasse, verschwimmen die weißen Wände, Glasflächen und Rolltreppen vor meinen Augen. Die Hauptinformation und unsere Check-in-Automaten lösen sich in Schlieren auf; Reisemarkt, AO-Touristik und die Sparkasse werden zu einem undeutlichen, vergitterten Hintergrund. Ringsum ertönt das Gekreische von Affen und Lemuren; vom *Gelbschwanz-Air*-Schalter gegenüber dringt das aufdringliche I-Aaaaa eines Wildesels an meine Ohren; nebenan im *Imbiss-Air*-Gehege lässt ein aufgeblasener Puter mit rotem Kopf und kleinem silbernen Kärtchen seine Brunftschreie los; und das ganze wird überlagert vom Geplapper eines Papageien, der alle paar Minuten mit starkem tschechischen Akzent dieselben Phrasen wiederholt: „Die Abfärtigung allär *GälbschwanzÄr*-Flügä findät im Zoobereich staat. Bittä folgän Sie där Bäschildärung ‚Z' wie ‚Zoobereich'!"

Gemeinsam sind wir schwer

Bei Weight & Balance befassen wir uns mit einem Phänomen, das hin und wieder bei Flugzeugen auftritt und allgemein „Trim" genannt wird. Wer einmal am Loadsheet gesessen ist, weiß, dass es da insgesamt vier Angaben gibt, nämlich zwei Grenzwerte, einen Ist-Wert und ein Optimum. Der optimale Wert liegt immer irgendwo zwischen den beiden Limits, bei der *ATR 7* liegt er hinten im Kofferraum, der Ist-Wert ist immer gleich dem Optimum, und München liegt in Ostfriesland.

Es ist im Prinzip eine einfache Sache: Etwas, das im Flieger vorn geladen ist, zieht ihn vorn runter—selbst sonntags, weil ja die Schwerkraft immer an ist—während der Koffer hinten in Hold 5 den Schwanz runter drückt. Genau so ist es mit der menschlichen Zuladung, sprich unseren PAXen: Die vorderen tragen zwar die Nase weiter oben, drücken aber die Flugzeugnase nach unten; die hinteren haben den... eh... also sie ziehen auf jeden Fall den Flugzeugschwanz erdwärts.

Amerikaner benehmen sich—rein physikalisch betrachtet—ähnlich, mit dem Unterschied, dass bei manchen Stammkunden von Burger King die Gravitation etwas stärker zu Buche schlägt. Wie stark, haben unsere Kollegen im warmen L.A. eines Tages in den späten Achtzigern hautnah erfahren.

Die Weight & Balancer unserer amerikanischen Freunde hatten eine 767 abzufertigen, die mit viel Fracht, aber nicht full house in Richtung Norden starten sollte. Die Klassen waren streng amerikanisch nach First und Coach unterteilt, und während sich vorn im dicken amerikanischen Plüsch eine 70-köpfige Reisegruppe tummelte, war hinten auf den Holzbänken nicht viel los. Der Vogel lag also äußerst nah am vorderen Limit, sprich

„auf der Nase", war aber rein rechnerisch noch „im Trim". Und drin ist drin, wie schon ein Tennis spielender Feuermelder erkannt hat. Nur hatte bei diesem Flug niemand an Burger King und die Whopper gedacht.

Es folgte das übliche Prozedere: Nach den fünf letzten dringenden Aufrufen wurden alle doors in flight geputtet, und während eine der Zofen ihren Schwimmwestensermon herunter leierte, stellte der Captain seinen Hobel an die Startboxen. Der Tower schaltete die Ampel auf grün, der Captain drückte den oberen seiner drei Knöpfe[1], die Boeing rollte an, beschleunigte Space Shuttle-mäßig auf die erlaubten 65 mph, und rollte und rollte...

„Well," soll einer der Passagiere zu diesem Zeitpunkt gesagt haben, „when we so weiterfahren, sind we in twelve Stunden in Seattle!"

Die Passagiere hatten sich schon mit ihrem Schicksal abgefunden—immerhin war der Bordservice bei der *Ungeteilt* um einiges besser als bei Greyhound—als der Chef nach ein paar Minuten plötzlich mörderisch auf die Bremse trat. Da war die Runway zu Ende.

Und die zirka 70 zahlenden Mitglieder der Weight Watchers, die wegen der breiteren Sitze „First Class" gebucht hatten, haben nie erfahren, dass es nur wegen ihnen zum Startabbruch gekommen war. Das von Weight & Balance zu Grunde gelegte Durchschnittsgewicht der Gäste aus den vorderen Trimsektionen war immerhin um knappe 2 Tonnen[2] überschritten worden!

Die verschmolzenen Bremspakete des Hauptfahrwerks dieser B767 sollen später dem Weight Watchers' Museum of Fatal Eating Habits gestiftet worden sein...

---

1. „take-off", „fly" und „land"
2. Entspricht einem pro-Kopf-Übergewicht von 30kg, oder 60 Doppelwhoppern mit Käse

Drei mal null

In meiner Eigenschaft als viel beschäftigter Rampagent lasse ich keine Gelegenheit aus, um mit den Mädels am Gate zu raatschen—vorausgesetzt, dass der Flieger vorm Haus steht und ich einen gemütlichen Slot habe. Das *GelbschwanzAir*-Drehkreuz bietet sich für so was an, weil dabei meistens beide Kriterien erfüllt sind.

Das Einsteigen der Frankfurt näherte sich dem Ende. Ich hatte bereits mehr als zehn Kleinkinder gezählt, die an mir vorbei die Jetway hinunter getragen wurden, als noch eine junge Familie auf die Boarding Control zusteuerte. Allen voran lief Muttern, deren Millennium-Schlaghose für zwei komplette Röcke gereicht hätte. Sie hielt ihren schlafendem Frischling auf dem Arm, der seinerseits ein undefinierbares grünes Stofftier umklammerte. Dahinter stolperte im Halbschlaf ein etwa vierjähriges Etwas, dessen Bewegungen auf nicht ganz sachgemäße Fernsteuerung schließen ließen; und das Schlusslicht bildete Papi mit den Reiseunterlagen, die er umständlich vor der Kollegin ausbreitete. Es war offensichtlich, dass die Leute mindestens Hurgada-München hinter sich hatten und nun froh waren, zur letzten Etappe gelangt zu sein. Ich deutete auf den Kleinen mit dem Stofftier und teilte der Einsteigerin mit: „Da schau her, noch ein Knallfrosch!"

Mami berichtigte mich sofort: „Aber nein, das ist doch ein Tele-Tubby!"

O-oh… „Gewiss," beeilte ich mich zu sagen. „Ein Tele-Tubby. Völlig klar. Wie konnte ich nur. Äußerst peinlich, das. Wissen Sie, ich meinte nämlich den Kleinen."

Auch mein zweites Fettnäpfchen steckte sie weg. „Sie meinen die Kleine," korrigierte Mami geduldig. Ich warf einen abschätzenden Blick auf das schlafende INF, dessen Gesicht, wie gesagt, von diesem grünen Teledings verdeckt wurde, und nickte.

„Eh, ja, das kann natürlich auch sein. Wünsche angenehmen Heimflug und gute Nacht…"

Jetzt meldete Papi sich zu Wort: „Mir fliagn doch grad erscht los," stellt er richtig. „Z'Frankfurt drom miaß'mer umsteign auf'd Air Namibia."

Ich gab auf, nahm die Abschlusspapiere entgegen und flüchtete in Richtung Hühnerleiter. Allerdings werde ich seit jenem Abend von einer entscheidenden Frage gequält:

Was, bitte, ist ein Tele-Tubby?

Flugtag in der Kantine

Es ist Sonntag morgen, high noon. Der durchschnittliche Bundesbürger ist gerade aufgestanden oder kommt von einem schnellen Imbiss aus der Kirche heim. Oder vom Frühschoppen in der Wirtschaft um die Ecke. Alles deutet darauf hin, dass es stark aufs Essen zugeht—selbst am Flughafen, wo meine geplagten Kollegen und ich bereits unglaubliche acht Stunden Arbeit hingelegt haben.

Ich erinnere mich noch gut an meine Kindheit. Früher—ich war ungefähr zwölf Jahre alt—hatte ich nie Probleme, um sechs Uhr aufzustehen, damit ich den geliebten Schulbus noch erreichte (kotz!). Aber um kurz nach drei aus den Federn? Oder sogar um halb drei? Mir waren damals nur zwei Berufsgruppen bekannt, die um solche gotteslästerlichen Zeiten raus mussten: Die einen, um Semmeln zu basteln, die anderen, um die Tageszeitung auszutragen. Und ich schwor seinerzeit Stein und Bein, niemals Bäcker zu werden, oder gar Zeitungsbote.

Heute bin ich bei der *ImbissAir*, und ich habe immerhin vier Jahre lang regelmäßig Frühdienste geschoben. So viel zu meinem heiligen Eid von damals. Und die weißen Flecken, die man noch von Afrikakarten aus dem 19. Jahrhundert kennt, sind auch vom Zifferblatt meiner Armbanduhr noch nicht verschwunden: Zwischen vier und acht Uhr morgens bin ich größtenteils auf meinen Tastsinn angewiesen. Ob du dann Semmeln drehst oder Koffer beklebst, kommt fast aufs Gleiche raus.

Aber Du sollst dem Ochsen, der da drischt, nicht das Maul verbinden. Oder anders gesagt: Wer sich Sonntag morgens um vier schon mit angeheiterten Chartergästen herumschlagen muss, der hat auch ein Recht auf ein anständiges Mittagessen. Dieses gedachte ich nach Dienst in der damaligen Kantine im Zoober... im Zentralbereich einzunehmen, damit die beste Freundin von allen nicht kochen musste.

Es roch ganz gut, als ich die Kantine betrat. Ich tippte auf Rotkohl, der in bayrischen Gefilden auf den Namen Blaukraut hört und in Großküchen meistens keiner der beiden Bezeichnungen gerecht wird, weil er in sattem Lila und ohne Zutaten aus dem Glas in den Kochtopf geschüttet wird, aber immerhin—und lag hundertprozentig richtig. Dazu hielt das Schicksal an diesem Tag jede Menge zylindrischer Kartoffelknödel bereit, in einem Dialog mit Flugentenbrust à la FMG an brauner Soße. *Sehr* brauner Soße.

Ich hatte kaum meinen ersten Gang angefangen—ein Süppchen mit viel Maggi und wenig Einlage—als mir gegenüber ein Kollege vom Flughafen Platz nahm. Er hatte bis auf die Vorspeise dieselbe Wahl getroffen wie ich und nahm seine Ente bereits mehr oder weniger gekonnt auseinander, während ich noch meine Brühe auslöffelte. Ich hatte nicht mal Zeit, in Deckung zu gehen: Es machte flutsch, und seine Flugente war mitsamt der (wie bereits erwähnt) sehr braunen Soße in meine Richtung diverted. Dabei benutzte sie den größten Teil meiner Krawatte als Runway; auf dem weißen Hemd drumherum ging sie on Blocks.

Ringsum entstand sofort das für solche Gelegenheiten typische Gekreische. Dabei konnten auch Worte wie „Iiiiiek!" oder „Huuuuch!?" nichts mehr ausrichten: Die Soße blieb, wo sie war. Ich konnte sie mittels meiner Serviette nur noch daran hindern, unter die Gürtellinie vorzudringen.

Na ja, dachte ich, Dienst ist vorbei, passt scho. Auf diese Art war ich wenigstens an eine eineinhalbfache

Portion Flugentenbrust gelangt. Natürlich fragte ich mich im gleichen Augenblick, ob der FMG-Mensch das Teil zurück haben wolle, doch der steckte in einer ganz anderen Problematik. Seinem kreideweißen Gesicht nach war er nämlich kurz vor einem Herzinfarkt.

Ich schaffte es dann irgendwie, den armen Kerl zu beruhigen. Er hätte mir eine chemische Reinigung samt Einrichtung und Personal gekauft, wenn ich ihn nicht davon abgehalten hätte. Als er die Kantine verließ, hatte er Canossa vor Augen. Seine angefangene Ente aß er nicht auf.

Bei den Preisen unserer Flughafengastronomie neige ich dazu, mir mein Essen nicht madig machen zu lassen, ganz gleich, was passiert. Ich ließ mir also Zeit und versuchte gar nicht erst zu vertuschen, was nicht zu vertuschen war. Das Hemd war versaut, und ich hatte nicht mal eine Jacke dabei, um die Sache zu kaschieren. Also trat ich mitsamt meiner Flugentenbrust den Rückweg an, der unter anderem über ein 100 m langes Laufband führte (natürlich mit Gegenverkehr!). Um die Mittagszeit war überall Schichtwechsel, die Spätdienste verteilten sich auf die einzelnen Module, und pro Meter kamen mir schätzungsweise fünf Kollegen mit sehr großen Augen entgegen (zumindest hatte ich so diesen Eindruck). Einer davon schaffte es dann tatsächlich, Loriot-mäßig auf mein Hemd zu deuten und zu sagen: „Du, äh, hast einen Fleck da…"

Hundeleben

Bisher habe ich ausnahmslos wahre Geschichten aufgeschrieben. Ich hätte ja gar nicht das Hirn, mir solchen
Schmarren aus den Fingern zu saugen. Es ist schon
schwierig genug, die wirren Gedankengänge manch eines Passagiers oder Kollegen nachzuvollziehen.

Die folgende Geschichte ist noch wahrer. Ehrenwort.
Nachdem ich sie von einer OPS-Kollegin gehört hatte,
habe ich während einer Dienstreise nach Frankfurt
eigens beim dortigen Weight & Balance Station gemacht,
um die Sache zu recherchieren.

Über Flugnummern und Jahreszahl scheiden sich die
Geister. Es ging jedenfalls um einen Israeli, der von JFK
über FRA nach TLV geschippert ist und einen Schäferhund dabei hatte. Beide waren bereits etwas betagt, was
dazu führte, dass der Hund während des Eincheckens in
New York das Zeitliche segnete. Darüber war Herrchen
ziemlich betrübt, und so hat man ihm seinen Wunsch,
den dahin geschiedenen Vierbeiner doch noch in seiner
Kiste mitzunehmen, nicht ausgeschlagen (was ja wegen der Verseuchungsgefahr im Laderaum nicht so ganz
astrein war). Also flog man dann gemeinsam gen Osten
und ging in Frankfurt an die Blöcke.

Nun gibt es auf jedem Airport gute Loader und sehr
gute Loader. Einer davon nahm das Transit-AVIH näher unter die Lupe, schaute in die Kiste und bekam einen gehörigen Schrecken, weil das AVIH offensichtlich
zum AMIH geworden war. Es war ja auch kein Tropfen
Wasser in der Kiste, und so was kann nicht gut gehen.

Der Loader, selber ein tierlieber Mensch, malte sich
gleich in schillernden Farben die Konsequenzen aus, die
dieser Vorfall nach sich zöge. Hund wird tot aus Jetbox
geborgen! Besitzer erleidet Herzinfarkt! Wie behandeln

Airlines ihre vierbeinigen Passagiere? Ehemaliger Loader packt aus! Ausführlicher Bericht auf Seite fünf!

Nein, da musste etwas geschehen. Zum Glück gab's das Tierheim in Kelsterbach: Der Loader schnappte sich sein Auto, fuhr los und kam kurz darauf mit einem etwa zweijährigen Schäferhund gleicher Züchtung zurück. Er brauchte nicht einmal übermäßig viel mit dem Edding nachzubessern, da dieser Rüde dem toten in der Kiste ausreichend ähnlich sah. Hund ist Hund.

Nachdem der Loader den Kadaver entsorgt und durch sein lebendiges Double ersetzt hatte, ging alles seinen gewohnten Gang. Rein ins Hold mit der Jetbox, den entsprechenden Remark aufs Loadsheet, und ab die Post Richtung gelobtes Land.

Bei der Ankunft gab es keine Probleme. Die Behörden in Tel Aviv wunderten sich nur, warum einer der Passagiere so einen Wirbel um sein Haustier machte, das er im Gepäck gehabt hatte.

„Aber meiner war tot! Richtig gestorben! Dieser hier scheint mir sehr lebendig…"

„Ich weiß nicht, was Sie wollen. Sie haben einen Schäferhund aufgegeben, und das hier ist ein Schäferhund. Rein zolltechnisch ist alles in Ordnung."

„Aber es ist nicht derselbe! Meiner war absolut tot!"

„Vielleicht hat er nur geschlafen. Sie sehen doch, dass er nicht mehr tot ist."

„Und mindestens zehn Jahre älter!"

„So etwas kann täuschen. Bei Frauen weiß man auch nie, wie alt sie sind. Guten Tag."

(Nach anfänglichem Zögern entschloss sich der Herr, das Tier zu behalten. Vielleicht konnte er sich ja denken, warum man seinen Hund ausgetauscht hatte… Vielleicht hatten die Zollbeamten ja Recht gehabt… Oder es lag einfach an der heiligen Luft im gelobten Land…)

Last-minute pooling

Wenn der größte deutsche Ferienflieger seine Pforten öffnet, nimmt aus Gründen der Gesunderhaltung jeder, der nicht zum Manifestieren oder Einsteigen verdonnert ist, Reißaus—einschließlich manch eines Supervisors. Nur die, die ihren Job ernst nehmen, bleiben bei der Stange und helfen sogar, die heiß geliebten Chartertickets zu sortieren, wenn's auf den Feierabend zugeht. Wenn dann ein weißes „Alltours"-Dokument fehlt, ersetzen wir es kurzerhand durch einen gebrauchten Buszettel, und der Abschluss passt wieder.

Schwieriger wird es, wenn nicht nur das Ticket fehlt, sondern auch der dazu gehörige Passagier. 190 Leute haben es geschafft, den richtigen Ausgang zu finden, nur einer nicht. Und bei einem kurzen Patrouillegang zum Flieger stellt sich heraus, dass die Boarding Control wieder mal Recht behält. Außerdem wird diese Tatsache von einer jungen Dame untermauert, die aufgelöst am Gate steht und auf Boarding-Nummer 191 wartet.

Nein, das Gepäck ist nicht gepooled worden. Wo kämen wir da hin! Wir kennen uns zwar ganz gut und so, aber eingecheckt haben wir getrennt. Schließlich bin ich emanzipiert.

Ob man den getrennten Herrn denn mal im öffentlichen Bereich ausrufen könne…?

Na ja, wird uns kaum was anderes übrig bleiben. Nur, dass dieser letzte Ansporn genauso wenig hilft wie die drei davor, denn Mr. 191 hat sich—wie sich nun allmählich heraus stellt—verdünnisiert. Und bis nach Schwabing kann selbst die tschechische Kollegin von der Hauptinfo mit ihrer Papageienstimme nicht vordringen. Wahrscheinlich hat der gute Mann das Last-minute-Konzept falsch interpretiert... oder er hat nebenan am Check-in für Ibiza was Attraktiveres entdeckt. Es wäre jedenfalls kein Wunder, denn das verzweifelte Häufchen Elend, das am Schalter zu unserer Santo Domingo wartet, trägt den Namen „Speck" völlig zu Recht, wie mir die Einsteigerin später gestenreich vermittelt.

„Gut, er hat Sie sitzen lassen. Wo ist das Problem?" Der Supervisor holt zum umfassenden, alle Männer vernichtenden Gegenschlag aus: „Fliegen Sie doch trotzdem! Genießen Sie Ihren Urlaub so, wie es die Natur vorgesehen hat: allein und emanzipiert! Und wissen Sie was? Seinen Koffer lassen wir für Sie an Bord, damit sie ihn auf der Insel standesgemäß entsorgen können. Ist das ein Angebot?"

„Ich bleibe nicht auf der Insel," schluchzt Frau Speck unsicher. „Wir—ich—haben eine Kreuzfahrt auf der Aida gebuuuhuuuhuuu…"

„Na um so besser!" Dein Chef wischt sich heimlich ein paar Schweißperlen von der Stirn und legt der Dame jovial die Hand auf die Schulter. „Die Bullaugen sind groß genug für jeden Samsonite. Hier ist Ihre Bordkarte. Setzen Sie sich ruhig auf den Fensterplatz Ihres… eh… Herrn –"

„Buuuhuuuhuuu!"

Als Frau Speck schließlich ihre Tränen abwischt und einsteigt, atmen Gate, Supervisor und Rampe erleichtert auf: Wenn schon nachträglich „gepooled" wird, so sollte doch zumindest *einer* der beiden Poolpartner an Bord erscheinen…

Nach so einer Strapaze ist es manchmal eine Wohltat, nicht gleich in Richtung Arbeitsraum zu rennen, sondern ein paar Minuten in der Halle zu verweilen. Du blickst aufs Vorfeld hinaus, siehst dem abendlichen Verkehr auf dem Rollfeld zu und beobachtest deinen Flieger so lange, bis du die Gewissheit hast, dass er auch wirklich weg ist. Auf der blauen Linie rollt gerade eine Maschine des *Orientteppichflugdienst* zur Südbahn, die Innenbeleuchtung abgedimmt, das Seitenruder angestrahlt. Es ist trotz allem ein imposanter Anblick.

Erst nach einer Weile bemerkst du deinen Hallenchef, der in Gedanken versunken neben dir steht. Auch er sieht dem türkischen Airbus nach.

„Da geht er hin, der Vogel," sinniert der Supervisor. „Mit leuchtendem Schwanz… ja, die Türken können so was…"

Kaltes Chicken im Bauch

Dieser Song entstand auf eine Anfrage aus der Passage hin, im Rahmen der Weihnachtsfeier 1999 etwas Check-in-Technisches zum Besten zu geben. Dazu bearbeitete ich *Dieses Kribbeln im Bauch* von Pe Werner so lange, bis es sich hinten reimte. Leider erging es mir wieder einmal wie meinem Freund Freddy Mercury bei der Olympiade in Barcelona: Sein gleichnamiges Lied, das er zusammen mit meiner Freundin Montserrat Caballé sang, wurde auch erst viel später berühmt. Überhaupt sind ja seine besten Sachen ohnehin „Made in Heaven", was mich hoffen lässt, dass ich in spätestens 120 Jahren ein großes Comeback feiern werde.

Bleibt noch anzumerken, dass sich auf Grund eines gewissen Alkoholkonsums niemand so recht erinnern kann, ob oder wann dieses Lied überhaupt vorgetragen worden ist. Das will nichts heißen. Viele erinnern sich nicht einmal an eine Weihnachtsfeier.

Refr.
Dieses Düsseldorfgate, das du nie mehr vergisst
Wo abends immer der Teufel los ist
An dem Düsseldorfgate wird's wieder late
Weil die Boarding Control alle Bordkarten frisst

Mit 'nem Neuling dabei, der das NICen vergisst
Am Gate mit der langen Waitinglist
Alle PAXe woll'n rein und du steigst sie ein
Bis du überläufst, schäumend vor Glück.

1. Erst hast du die Einteilung abgeschrieben
Und dich an einen Rechner verkrochen
Wo ist bloß mein Einsteiger abgeblieben
Was habe ich nur verbrochen

Die Prognose besagt: Heute ist nicht dein Tag
IA 863 ist schwer überbraten
Biet' Entschädigung jedem, der dableiben mag
Für dein Begräbnis fehlt nur noch der Spaten

Refr.
Dieses Düsseldorfgate, das du nie mehr vergisst
Wo abends immer der Teufel los ist
An dem Düsseldorfgate wird's wieder late
Wenn dein Supervisor sich ins Büro verpisst

Mit 'nem Greenhorn dabei, das das NICen vergisst
Am Gate mit der langen Waitinglist
Deine Rampe flippt aus denn ein Koffer muss raus
Und wir sind erst am Anfang vom Peak.

II. Jede Schicht geht vorbei, und jetzt hast du frei
Keine Lust, deine Hemden zu bügeln
In Eco gelistet als ID R2
Ein Jumpseat über den Flügeln

Du träumst gerade von einem First-Class-meal
Mit Kaviar, Lachs und Farfalle
Doch die Stewardess wirft einen Blick auf die PIL
Das Essen ist leider schon alle

Refr.
Kaltes Chicken im Bauch, und ein Knie im Genick
Die Klimaanlage trübt deinen Blick
Auch das Wetter ist schlecht doch dir ist das recht
Als PAD genießt du jeden Augenblick

Kaltes Chicken im Bauch, das du nie mehr vergisst
Und wenn du noch so viele Brausestäbchen isst
Dieses Chicken im Bauch quält dich doch auch
Wenn du standby mit *ImbissAir* fliegst

Self-Loading Cargo in Final Approach!

Passagiere sind etwas, das du auf der Rampe nur so nebenbei erlebst. Die Frage ist nur, *wie* nebenbei.

Nehmen wir zum Beispiel unsere zahlreichen Vorfeldpositionen. Diese entlegenen Gebiete haben für alles, was draußen arbeitet, den Vorzug, dass die PAXe nicht eine halbe Stunde lang kleckerweise am Flieger eintrudeln, sondern als geballte Ladung mit dem Bus. Wenn es sich um ein einigermaßen akzeptables Fluggerät handelt—also ab 737 aufwärts—wird diese geballte Ladung längsseits vor Anker gehen und zwei Treppen vorfinden, eine vorne und eine hinten.

An dieser Stelle schaltet sich ein tiefenpsychologisches Modul zwischen die beiden männlichen Hirnhälften, mit dem Effekt, dass sich die Augen automatisch auf den vorderen Einstieg fixieren und daran haften bleiben. Nachdem der Purser den Daumen gehoben hat, öffnen sich mit aufreizender Langsamkeit die Türen des Busses, die Leute preschen raus und stürzen auf die Treppe am Bug zu.

Frieren wir das Bild kurz ein: Ein Haufen self-loading cargo steht vor der FMG-Treppe und reckt die Nasen in den Wind, um Witterung zu nehmen, wie viele Focus-, Stern- und Spiegel-Magazine in der Galley bereit liegen. Derweil steht einsam und verloren ein Rampagent unter dem linken Flügel, breitet die Arme aus, schreit sich die Lunge aus dem Hals, um wenigstens zwei oder drei Leute zu bewegen, auch den hinteren Eingang zu nutzen, nimmt ein paar Kinderwagen entgegen, die von besonders erfahrenen Mittelstrecklern als Schubkarren für ihr Handgepäck verwendet werden, lässt schließlich resignierend die Schultern hängen und verzieht sich auf die andere Seite des Fliegers, wo er den Loadern zerknirscht mitteilt, dass sie die hintere Treppe schon mal aufräumen können. Es ist wie der Gang nach Canossa: Für diese Treppe haben zwei deiner Loader auf Position 187 mit der Ladecrew eines A 321 eine Runde Kickboxen hingelegt, dann das Ding fremdgestartet, weil die Batterie leer war, und schließlich im Schritttempo bis zur 132 gefahren. Es dauert fünf Minuten, bis so eine Treppe angedockt ist. In fünf Minuten schmeißt du locker 40 Koffer ins Hold.

Nachdem der Headloader seinen Kommentar abgelassen hat, gehst du wieder nach vorn und schaust dir die Traube von Menschen an, die die vordere Treppe umgibt. Wenn der Bus voll war, stehen dort noch mindestens 30 PAXe und 35 Rollies, die sich gegenseitig in Richtung Tür schieben. In diesem Moment scheppert todsicher dein Bündelfunk, und du weißt: Das Gate ist dran. Den Text kannst du (bis auf die Namen) synchron mitsprechen.

„Ja hallo, Gate für die Rampe, kannst du mal gucken, ob Herr Laubeke auf 23C sitzt? Wie? Moment, der Laubeke ist da. Dann hab ich noch die Frau Gonzalez auf 19A. A oder B. Und check doch bitte mal, wie viel Essen jetzt in der Business gecatert ist, weil wir eventuell zwölf Überläufer von der Oslo mitnehmen. Und zwei Jump-Anfragen. Einer vom Fliegenden und—wie? und einer vom Fliegenden. Wie? SAS. Einer von der SAS. Der Laubeke sitzt im Bus. Ramirez war auf 19A."

Na, ist doch kein Problem! Ich komm' zurück, wann immer ich es schaffe, mich an den 30 „Vorderladern" vorbei ins Cockpit zu drängeln. Diese haben inzwischen einen guten Meter Raum gewonnen; unten vor der Treppe sind sechs Handy-Gespräche im Gange. Nur mit Mühe gelingt es dir, zwei Japaner davon abzubringen, jedes Rad des Hauptfahrwerks einzeln zu fotografieren.

Aber alles geht vorbei, selbst die PAXe (wenn auch zögernd). Nach dem zweiten Bus sortierst du deine Double-Seatings an Bord alphabetisch durch, erklärst zwei Vierjährige zu Infants, die du auf diverse Schöße verteilst, stellst mit einiger Erleichterung fest, dass keine Stehplätze übrig geblieben sind, und erwartest den letzten Bus. Er wird erfahrungsgemäß fünf Minuten nach Schedule an der Position eintreffen, ohne Passagiere, aber mit einem Haufen Papierkram und diversen Bordkartenschnipseln, die auf noch fehlende Direktumsteiger hindeuten. Derweil ruft dich eine Stimme aus dem Gepäckverteiler V3 an und fragt auf sächsisch, ob man denn den letzten Kofferwagen mit 35 Transferbags noch raus schicken könne.

Ganz anders geht's am Terminal zu, wo dein Flieger—selbst, wenn's eine schlappe Fokker-70 von unseren ungarischen Freunden ist—über eine Fluggastbrücke direkt mit dem Abflugbereich verbunden ist. Bei Charters wird die Brücke gestürmt, bis sie voll ist, derweil an Bord jeder erst einmal gaaanz gemääächlich seine Sachen in die Bins verteilt—frei nach dem Motto: Ich bin drin, das ist ja einfach, und nach mir die Sintflut.

Linienflüge sind da schon entspannter. Man schlendert die Jetway hinab, blickt mindestens achtmal aufs Handydisplay, damit jeder sehen kann, welches Fabrikat in der Jackentasche lauert, und kommt schließlich zu dem Schluss, dass das Ding nur noch im Standby-Betrieb vor sich hin dümpelt (das alte „Off" ist ja ohnehin längst von diversen Energiespar-Modi abgelöst worden). Wenn sich unten vor der Tür schon die abgenommenen Rollies stapeln, fällt es relativ schwer, das 20kg-Bordcase daran vorbei zu schmuggeln, also stellen wir's mal gnädigerweise dazu. Und dann hindert uns nichts mehr daran, die Zofen in der Business so lange zu nerven, bis wir je ein Exemplar der gängigen Nachrichten-magazine sowie Handelsblatt, Süddeutsche und Norddeutsche auf der Aktentasche liegen haben. Den Kleidersack hängen Sie in die Garderobe, und passen Sie bittschön auf meinen Ellbogen auf, wenn Sie mit dem Servierwagen durch den Gang heizen.

Doch bei jedem Flug kommt irgendwann der Moment, wenn tatsächlich alle sitzen (doppelte Sitzplatzvergaben ausgenommen). Und weil die Boarding Control wieder mal schlapp gemacht hat, zetteln wir ganz lässig einen Headcount an. Auch, wenn der Chef vorne links gar nicht wissen will, ob er alle Schäfchen beisammen hat. Manchen Streifenhörnchen ist so was egal.

Bei Zählungen in der Kabine gilt die Grundregel: Jede Flugbegleiterin hat das Recht auf ihre eigene Meinung. Nach der fünften Zählung—und damit dem fünften Ergebnis—bilden wir das arithmetische Mittel, und das ist die Zahl, die wir „Abschluss" nennen.

Wodurch kommen so viele unterschiedliche Ergebnisse zustande? Nun, dafür gibt es individuell ebenso unterschiedliche Erklärungen. Das Zählen selber ist nicht das Problem; vielmehr sind es die Begleitumstände, die die Sache verkomplizieren: Die eine Flugbegleiterin zählt nur die PAXe, aber zwei haben sich derweil aufs Klo verkrümelt (ergibt $x - 2$). Die nächste zählt Reihe 15 doppelt, weil sich davor die Galley mit einem fest angebrachten Spiegel befindet ($x + 6$). Eine andere zählt sich selber mit ($x + 1$); ihre Kollegin will's genau wissen, legt die Version zugrunde und zieht davon die Anzahl der leeren Plätze ab ($x - 13$, falsche Version gemerkt). Schließlich kommt noch die Purserette, die nur einmal die Szenerie überfliegt und mit geübtem Blick feststellt, dass die acht Deadheads—die eigentlich als Passagiere gelten und demzufolge hätten mitgezählt werden müssen—bei ihren Kollegen in der Galley stehen und ratschen (x - 8), und die Geschichte geht von vorne los. Manchmal rechnen wir noch den Durchschnitt aus, wenn die Leute längst auf dem Rhein-Main-Flughafen gelandet sind.

Eine halbe Stunde später ist das alles vergessen. Du stehst draußen bei der Amsterdam—neuer Flieger, neues Glück—, schaltest die Ampel auf grün und krähst in die Galley hinein: „You want 'em!? You've got 'em! Self-loading cargo in final approach…"

Zu spät

Es war irgendwann vor dem großen Umbau in Z, als die *ImbissAir*-Schalter noch zwischen Hauptinfo, Tikketschalter und S-Bahn-Rolltreppen eingepfercht waren. Der *GelbschwanzAir*-Check-in befand sich seinerzeit im Verbindungsgang von Z nach C, aber nur teilweise, so dass bei Charters regelmäßig ein herrliches Verwirrspiel entstand: Wenn wir zum POPpen nach PUJ fliegen, wo müssen wir dann einchecken—hier, oder um die Ecke bei TUI?

Ich war an solchen Tagen immer froh, wenn Conny in der Nähe war. Conny kennt sich aus. Er wusste damals schon als einziger, was wo abging. Ein Koffer hängt ohne Tag unten im Verteiler? Ist das so ein grüner, mittelgroßer aus angeknackster Hartschale? Niedermeier Jakob, 19½ kg, Freundin blonde Haare, schwarze Haarwurzeln, sitzt 14A-C, hat gerade noch bei dir eingecheckt, du Depp, gib's her, ich bring's runter, und sag deinem Kollegen, dass seine Glastür überm Gepäckband gleich ruiniert ist, wenn er sie nicht bald aufmacht.

Conny macht eigentlich alles. Er verteilt die Schlangen vor den Schaltern („Zwei links, zwei rechts, zwei fallen lassen"), er schickt den gesamten *Insel-Air* Executive Club in Richtung D, und er zeigt dir, wie du im Notfall auch ein Kanu übers Band runter schicken kannst. Aber einmal, ein einziges Mal kam er zu spät.

Die Kollegin, um die es geht, ist nicht besonders stabil gebaut. Man kann ihr aus einem bestimmten Winkel das gesamte Vaterunser durch die Rippen blasen. Zudem ist sie noch einen halben Kopf kleiner als unser Check-in-Durchschnitt. Um ihren Mangel an körperlicher Größe zu kompensieren, hat sie sich im Laufe der Zeit ein Mundwerk von berlinerischen Qualitäten zugelegt.

Die *GelbschwanzAir*-Schlange vor dem Schalter unserer Berlinerin-de-facto wird von einem blonden Lokkenkopf mit Schnauzbart angeführt, dessen 1860er-Shirt noch vom letzten Derby derb vor sich hin schweißelt. Um ihn schnell und serviceorientiert weiter zu schikken, fährt sie das Gepäckband, bis die Waage wieder frei ist, und sagt: „Den Koffer derfa's scho draufleg'n." Derweil streckt sie die Hand aus, um das zusammen geknüllte Ticketheft entgegen zu nehmen…

RRRUMMMS…!!!

Gott sei Dank hat sie die Hand reflexartig zurück gezogen: Vor ihr, auf der brusthohen Glasplatte, quasi der Schnittstelle zwischen Service Professional und Kunde, türmt sich das Koffergebirge von Mr. Goldlocke. Wahrscheinlich ist er nebenberuflich Hammerwerfer. Einen Augenblick lang hat unsere Kollegin ihn sogar in Augenhöhe vor sich, als sie mitsamt ihrem Drehstuhl einen halben Meter in die Höhe hüpft.

Es war dies einer jener seltenen Augenblicke, da ich sie vollkommen sprachlos erlebt habe. Sie hatte nur noch die Kraft, in Richtung Gepäckwaage zu deuten und sich Hilfe suchend nach einem gewissen blauen Overall umzublicken…

Überlänge

In der Passage siehst du drei Arten von Zuladung: Garfields, Gepäck und PAXe. Ersteres sind unsere liebsten Gäste (weil Vierbeiner); mittleres wird gern als „Handgepäck" deklariert; letztere sind überwiegend der Meinung, unsere Gehälter zu zahlen. (Das stimmt natürlich nicht; ich kriege meins immer von der Sparkasse.)

Sobald du dich eine Etage tiefer zu OPS versetzen lässt, sieht die Sache ganz anders aus. Dein Horizont erweitert sich bis Hallbergmoos, weil da die *Air Dollemutti*-Positionen sind, und du kriegst einen völlig neuen Eindruck des Begriffs Zuladung. Denn dazu zählt unter anderem auch Fracht, oder Post, oder Comail, oder Rush-Gepäck, oder, oder, oder. Da fällt das bisschen „self-loading cargo" im Maindeck gar nicht mehr auf.

Für Fracht, Post, Köfferle und das gelegentliche AVIH muss der geplagte Loadsheeter ein paar Minuten vor Deadline eine Ladeplanung erstellen. Darauf wird jedes AVIH gesondert vermerkt, jedes bisschen Gefahrgut mit Textmarker drei mal unterstrichen, damit's auch der Dümmste erkennt, und sogar die Kiste mit den Semmeln für den Rückflug schlägt mit 10 kg zu Buche. Besonderheiten werden seitens der Fracht kurz vor Deadline eingegeben. So was können 1500 kg Zeitungen nach Barcelona sein, oder drei Porsches auf Palette nach SFO, oder eben—

Nun, man stelle sich unseren Kollegen X vor, der schon zu seiner Zeit in Frankfurt für eine gewisse gutmütige Schusseligkeit bekannt war, und einen Bobby. Der Kollege heißt eigentlich A (Namen v. d. Red. abgekürzt), und der Bobby Boeing 737. So ein Flieger hat zwei Laderäume, einen vorn, einen hinten. Beide sind nicht besonders lang und schlucken durchschnittlich 75 Koffer.

Kollege A war Rampagent und sammelte seine Papiere zusammen—Flugplan, Wetter, Wind, Regen, NOTAMs, was man so braucht—und die Verladung. Letztere enthielt den Hinweis „AVIH. BOA CONSTRICTOR. 8M. BITTE NICHT KNICKEN."

Niemand kann sich die Panik vorstellen, die Kollege A daraufhin im OPS verbreitete. „Was soll denn das!? So was kriege ich doch nie untergebracht! Acht Meter! Sind die denn verrückt! Ich weiß ja gar nicht, wie ich das Compartment beheizen muss! Ausgerechnet eine Boa! Wie soll ich die denn durch die Tür kriegen!? Da gehen nicht mal die Netze zu!" und so weiter.

Irgendwann stellte sich dann heraus, dass es sich bei dem Reptil mit Überlänge nur um den Witz eines Sektionsleiters handelte, den dieser zusammen mit einem Frachtschlumpf ausgeheckt hatte—und den Kollege A wahrscheinlich heute noch für bare Münze nimmt…

Up oder down?

Diverse Kapitäne sind seit der Einführung der Handys im Cockpit nicht mehr zu bremsen. Anstatt wie früher nur den Rampagenten vor Ort zusammen zu pfeifen, weiten sie ihre Geräuschattacken inzwischen auf Load-sheeter, Gateagents und andere unbeteiligte Zuschauer aus. Übers Handy ist es ja relativ einfach, irgend jemanden zu erreichen, dem man seinen Frust mitteilen kann („Ich hab hier immer noch keine Papiere!"). Je nachdem, wer antwortet, kommt eine unprofessionelle („Ich auch nicht!") oder eine kompetente Antwort („Die kriegen Sie dann eine Stunde vor Abflug, also in 45 Minuten") zustande.

Eine andere Möglichkeit, mit der starren Außenwelt in Kontakt zu treten, ist die gute alte Company-Frequenz. So was nennt man auch Funk. In diesem Fall schraubt der Fliegerfahrer so lange an seiner Konsole herum, bis er ein paar hundert Megahertz beisammen hat, und dann quäkt seine Stimme wie Helge Schneider aus dem Gerät des OPSlers.

„Mojn mojn Station München, hier ist der Kapitän von der 3362, eh, grüß Gott!"

So geht's in aller Regel los. Du greifst zum Mikro, gehst wider besseres Wissen auf Sendung und schielst so aus den Augenwinkeln auf die Mattscheibe des FMG-Monitors, auf dem die besagte 3362 immerhin noch pünktlich aufgeführt ist. Ganz so schlimm kann's also nicht sein.

„OPS München," bellst du in den Äther.

„Jaaa…" Der Captain sammelt sich. „Wir wollten nur mal nachfragen…"—schon die ersten acht überflüssigen Silben; so viel zum Thema Funkdisziplin—„… ob denn in absehbarer Zeit unser Loadsheet rausgelassen wird… Es scheint da Probleme zu geben… Das Gate sagte uns, dass da noch Umsteiger abgesetzt werden… Die Rampe sucht auch noch Gepäck… Scheint ein bisschen den Überblick verloren zu haben, die gute… Dauert wohl wieder länger heute… Warum läuft das denn hier so schleppend…?"

Nachdem du aus diesem Kontext eine konkrete Frage heraus interpretiert hast, antwortest du: „Weil am Gate noch Umsteiger abgesetzt werden und die Rampe ihren Überblick und ein paar Koffer sucht."

Es gibt natürlich auch ernst zu nehmende Anfragen. Ich erinnere mich an einen Chef-Cowboy von der *Ungeteilt*, der, nachdem alle PAXe von Bord waren und die Crew ins Hotel wollte, nachfragte, ob er die Mühle mit laufender APU sich selber überlassen könne, oder ob es nötig sei, das Hilfstriebwerk derweil abzuschalten, bis die Folgecrew an Bord käme?

Unser Kollege rheinischer Herkunft hatte nur mit einem Ohr hingehört. „Yes, yes," röhrte er. „You may shut up."

Der Status „OPSler" ist nicht automatisch mit fremdsprachlicher Kompetenz gekoppelt, was sich hin und wieder auf den Inhalt einer Aussage nieder schlägt: Der Unterschied zwischen *Up* und *Down* ist manchmal nur klein, aber fein…

Wir verstehen uns

Als Rampagent ist es für mich immer wieder eine nette Strafe, den monatlichen Pflichttag am Loadsheet einzulegen. Ich bin nicht derjenige, der gerne Papier sortiert oder mit veralteter Software auf Windows-unterstützten Desktops herum hantiert, um umständliche Ladeplanungen („Alles nach hinten!") und brandaktuelle Loadsheets („Wir haben noch fünf Leute eingecheckt, ist das schlimm…?") zu erstellen. Wenn ich's denn machen muss, erlebe ich grundsätzlich Schweiß treibende Dialoge vom feinsten, meistens zwischen den Kollegen bei Weight & Balance und der Außenwelt.

Im Zeitalter der Billigabfertigungsgesellschaften wird unsere fliegerische Außenwelt immer mehr von FMG-Rampagenten unterwandert—sprich Headloadern, die bei uns eine Ausbildung auf der Rampe erhalten haben und unsere innerdeutschen Flieger sowie „angeheiratetes Kleinvieh" abfertigen. Grundvoraussetzungen, diesen Job auszuführen, sind: a) eine gewisse Glaubwürdigkeit im Umgang mit Zahlen; b) ein gültiger Fingerabdruck und c) das Beherrschen einer Sprache.

Dieses c) ist hier in Bayern Auslegungssache.

Fall Nr. 1: Der FMG-Mann hat den Avrojet nach Brüssel pünktlich vom Hof gebracht; weil er aber auf Position 905 in Hallbergmoos steht und weiß, dass unser Loadsheeter in der Nähe von Erding auf die Papiere wartet, gibt er das LMC schon mal über Funk durch. Dann schwingt er sich in seinen Rofan und gibt Vollgas, bis der Mini-LKW stolze 30 km/h erreicht hat.

Auf dem Weg zum OPS fällt ihm noch etwas ein. „De Brüssel noch amoi," funkt er. „Des woit i di frag'n. Der Käptn hot ma no wos g'sogt, wia mer scho's Triebwerk o'glassn ham, nur verstehn hab i's ned kenna, weil i koa

Englisch ned sprich, woaßt scho. Aber aufg'schrim hab i mir's, wart…"—raschel, raschel—"… des hat er mir am Headset no g'sogt, geb Obacht: *,Oon seh Aua!'* … Kannst damit was ofanga?"

Ein Avrojet—oder „Jumbolino", wie der vierstrahlige Schulterdecker aus dem Hause BAe auch genannt wird—ist aus der Sicht der Be- und Entladung so ziemlich der beschissenste Flieger, der bei uns auf dem Hof steht. Es gibt vor und hinter dem Fahrwerkschacht je einen niedrigen Frachtraum unter der Kabine, der von außen zugänglich ist und jeweils bis zu 50 Koffer fasst (kommt so'n bisschen auf die Nationalität an: Wenn die Florentiner heim fliegen, passen je 100 Gucci-Köfferchen rein; wenn die Amerikaner einen Kulturtrip machen, ist die Mühle mit insgesamt 20 Hartschalentrümmern so gut wie überladen). Wegen der fantasielosen Bauweise des Flugzeugs (zwei gleich große Holds) ist das Ding relativ unempfindlich, was die Balance, also den Trim, angeht. Und wenn du am Loadsheet sitzt, eine überbratene Athen, eine ATR nach Norditalien und eine Langstrecke vorzubereiten hast und nicht viel Zeit für den o. a. Jumbolino übrig hast, machst du eine Standard-Ladeplanung, rechnest meinetwegen mit 60 Koffern und teilst sie zu gleichen Teilen auf die beiden Laderäume auf: 30 vorne, Rest hinten. Damit ist die Kiste hundertprozentig ausbalanciert, sprich im Trim. Solche Erfahrungswerte machen das Leben leichter, insbesondere—und da sind wir bei Fall Nr. 2—wenn eine halbe Stunde vor Schedule dein FMG-Rampenmann rein ruft.

„Ja, servus, habe die Ehre, hier ist die Rampen von der Achtafuchzgzwoaravierzg, fünf—aaacht—zwoa vier, und i woit' di frag'n, wia des mit dera Verladung is', und ob des jetza so bleim duat?"

Zwischen mehreren Containernummern von der Athen, einer kaputten Palette bei Chicago, fehlenden

Spritzahlen bei den Italienern und fehlender Cockpit-Crew bei Düsseldorf versuchst du, freundlich zu bleiben: „Alles wie geplant! Mach fuffzich-fuffzich!"

Worauf die Rampe etwas unsicher erwidert: „I *hab* aber bloß vierzig…!"

Der bayerische Dialekt gilt offiziell als Sprache. Es gibt zu viele Wörter, für die das Hochdeutsche kein Pendant zu bieten hat. Einfachste bayrische Aussagen sind nördlich des Weißwurscht-Äquators durch umfangreiche Bandwurmsätze zu umschreiben.

Als ich einmal als Ramp-Supervisor eine etwas haarige Marseille zu beaufsichtigen hatte (überbraten, gewichtskritisch, viele Koffer, Gefahrgut und AVIH in der Fracht, Sauwetter in Frankreich, Scheißlaune im Cockpit), erkundigte ich mich bei dem Flughafen-Rampi nach dem aktuellen Stand der Abfertigung.

„Das Gefahrgut ist hinten im Hold 4 verzurrt, der Wauwau wird gerade vorn in der 1 festgebunden, der Käfig steht auf einer Saugmatte, die Koffer passen alle hinten rein, Loadsheet ist schon gemacht, PAXe sind da bis auf zwei Direktumsteiger, aber die sind laut Station schon hierher unterwegs, und der Slot hat sich auf 12:50 verbessert." All das gab er mir unmissverständlich mit sage und schreibe zwei Worten zu verstehen:

„Passt scho!"

Die Kommunikation zwischen (FMG-)Rampe und unserem Weight & Balance hat im Laufe der Zeit eine Vorwärtsentwicklung erfahren. Während sich die Loader anfangs redlich (nur leider ziemlich erfolglos) bemüht hatten, ein paar englische Begriffe zu lernen, so bemühen sich die OPSler inzwischen ebenso redlich, Bayrisch und Türkisch zu lernen. Es dauerte nur etwa zehn Minuten, bis W&B den Spruch „I hab a Sahmdai, wo wuist des nei ham!?" als „Ich habe ein Sameday-Frachtstück. In welches Hold soll ich das laden?" übersetzen konnte.

„Stopf's hinten rein," erwiderte OPS.

„Is scho recht," kam die Antwort. „Aber an Strick breichert i no, weil des dantscheres Zeig miaß'mer obindn zwengs die Sicherheit."

Der Kollege am Loadsheet hat immerhin die Reizworte „Strick" und „Sicherheit" verstanden, so dass er in Sekundenbruchteilen den Schluss zieht, dass mit „dantscheres" sicherlich das Gefahrgut gemeint ist, das der Loader verzurren will.

„Ösen auch…?"

„Naa, bloß an Strick. Dreiahoib Kilo san des, aber obindn miaß'mers scho, zwengs die Sicherheit."

Weight & Balance verliert die Geduld. „*Was* wird da *wo* rein gezwengt…?"

„Mir zwenga goa nix, mir bindn des o. Zer-we-gens die Sicherheit."

Bayrisch, Sächsisch, Türkisch—alles gängige Sprachen auf der Flight. Damit müssen jedoch nicht nur wir OPSler klar kommen, sondern in erster Linie unsere beklagenswerten Cockpitbesatzungen. Neulich erzählte ein Captain begeistert in der Galley, in München sei er letzthin sogar auf Japanisch übers Headset begrüßt worden, als er an die Blöcke gerollt war.

„Auf Japanisch?" Unser Rampagent war überrascht. „Wir haben zwar eine Kollegin fernöstlicher Abstammung in unseren Reihen, aber die spricht eigentlich fließend Deutsch…"

„Nein, das war Japanisch," behauptete der Fliegerfahrer. „Sie sagte klar und deutlich: ‚Chocks san do!'"

Ein roter Blitz

Von gewissen OPS-Kollegen weiß man, dass sie hin und wieder das Kapitel in der GOM aufschlagen, wo die Ladebeschränkungen für Boas aufgeführt sind. Aber das Leben auf der Rampe birgt noch andere acht Meter lange Risiken. Dazu gehören zum Beispiel die Kommunikationsmittel, die man uns anvertraut.

Eines dieser Mittel ist das Bündelfunk. Es besitzt einen leistungsstarken Sende- und Empfangsteil (das ist das graue Ding mit den Knöpfen) sowie einen weniger leistungsstarken, aber schweren Akku (das schwarze, kaputte Ding unten dran). Letzterer wird unbrauchbar, sobald das Funkgerät einmal nass wird oder hinfällt—spätestens, wenn's vom Highlifter runter kracht.

Das nächste Kommunikationsmittel ist unser oranges Headset mit Mikrofon, das z. B. während des Pushback-Vorganges gebraucht wird. Der Kopfhörer ist nach außen hin relativ schalldicht, weil du dich mit dem Captain irgendwie verständigen musst, während links und rechts neben dir die dicksten Triebwerke angelassen werden. Über ein flexibles, acht Meter langes (!) Kabel ist das Ding mit einem Klinkenstecker verbunden, der vorne rechts in den Flieger rein göstöpselt wird.

Watch this: Kollege A aus M hat seinen Flieger zugemacht und hängt am Headset. Er steht in Flugrichtung rechts neben dem Bugfahrwerk, weil er da sein Headset angeschlossen hat. Die Chocks gehen weg, Parkbremse wird gelöst, Flieger rollt zurück, A schlurft nebenher. („Rollen" ist luftfahrttechnisch vornehm für „Fahren". Die schlimmste Beleidigung für einen Piloten ist, ihm am Headset zu sagen: „Wir fahren los, Nase nach Norden." Er wird dich auch unter schwierigsten Bedingungen—etwa bei zu viel Milch im Kaffee, Rauch im Cockpit oder schwulem Purser auf dem Schoß—vehement darauf hinweisen, dass es „Rollen" heißt.)

Wo war ich…? Beim Kollegen A. Gerade ist er gestolpert. Sein Bündelfunk ist ihm aus der Tasche geflutscht und liegt weiter vorn auf dem Apron. A saust los, seinem Akku hinterher, der gefährlich nah vor Motor Nr. 2 auf ihn wartet—und das Triebwerk dreht sich beinahe schon im Standgas. Bei solchen Umdrehungen entwickelt eine 737 jede Menge Sog—etwas, das dem Kollegen A in letzter Sekunde wieder einfällt. Er springt zur Seite, um dem gigantischen Sauger zu entkommen, in den er fast hinein gehüpft wäre—und entfernt sich dabei 8,2 m vom Flieger. (Zur Erinnerung: Sein Headsetkabel ist nur so lang wie eine gewisse Boa Constrictor und steht allmählich unter enormer Spannung.)

Es ist bis heute ein Geheimnis, ob Kollege A jemals Gelegenheit hatte, seinen Akku einzusammeln: Ab diesem Zeitpunkt bin ich auf Spekulationen angewiesen. A erlebte nämlich noch im Fallen einen kurzzeitigen Aussetzer, der von einem heftigen Schlag an die Schläfe her rührte. Nachher, als er aus dem Nebel seiner Teilamnesie heraus rekonstruierte, was passiert war, meinte er: „Und dann hab ich nur noch einen roten Blitz gesehen…"

Was war passiert? Der Stecker seines Headsets schoss unter der Spannung des überdehnten Flexkabels wie eine Gewehrkugel aus der Buchse und dem Kollegen A volle Kanne an die Murmel. Die Heavy-duty-Ausführung des ¼'-Klinkensteckers folgte also—physikalisch betrachtet—haargenau dem Kraftvektor, der an ihm zerrte. Und so ein paar Gramm Metall werden verdammt schwer, wenn sie hoch genug beschleunigen.

Nach allem hat Kollege A eingesehen, dass das Prädikat „K.O. geschlagen vom eigenen Headset" hundertmal angenehmer ist als „Geshreddert von 737-Triebwerk".

Dschungelhelden

Ob Frankfurt oder München—die Problemchen, mit denen wir konfrontiert werden, sind überall die gleichen: Wir sind ein Transportunternehmen, das alles, aber auch alles transportiert—und kennen uns mit den Sachen, die wir befördern, oft nur unzureichend aus. Wenn wir uns richtig auskennen wollten, müssten wir neben den ohnehin fälligen Lehrgängen in Sachen Gefahrgut als erstes einen Tag im Tierpark Hellabrunn einlegen.

Die folgende Geschichte ist noch wahrer als die meisten, die ich so aufschreibe. Es geht nämlich um Tiere, und die haben viel zu wenig Fantasie, um sich so was auszudenken.

Wenn die Charterer mit den gelben Schwänzen auf dem Hof stehen, hagelt's AVIHs. Das liegt an der Urlaubsmentalität des durchschnittlichen Deutschen: Ich hab Urlaubsstress, also warum soll's dem blöden Köter in einer Hundepension besser gehen als mir auf Mallorca? Und rein in die Kiste!

Gut, einen Hund hast du schnell verladen: Saugmatte drunter, Strick drüber, und dem Captain Bescheid sagen, damit das Hold klimatisiert wird. Bordservice kann er sich ohnehin abschminken.

Aber was machst du, wenn dir von der Fracht ein „Cheetah" avisiert wird, der zu Nachzuchtzwecken einen Termin im Amsterdamer Zoo wahrnehmen muss?

Als Pet in Cabin einchecken. Klar, das würde dem Schreiber dieser Zeilen jetzt einfallen. So ein Vieh wiegt je nach Geschlecht zwischen 35 und 50 kg, bräuchte also einen Extrasitz und eine anerkannte Ausbildung als Blindenhund. Darüber hinaus wäre gewiss etwas Arbeit mit dem Edding nötig, um die blonden Stellen zwischen den Tupfern weg zu kriegen…

Nein, keine Angst, es geht anders. Wie? Steht in der GOM. Alles, was in irgendeiner Weise mit Flugzeugabfertigung zu tun hat, steht da drin; nur muss man erst mal wissen, in welchem Abschnitt man mit der Sucherei anfangen soll. (Die Ladevorschriften für Tiere, zum Beispiel, stehen im Buch Genesis, Kapitel 6.) Ein fähiger Loadsheeter hat die entsprechende Seite bereits in der Hand, bevor er die Passagierzahlen seines Fluges eingearbeitet hat. Nur fix kopieren und zu den anderen Papieren legen, die der Rampagent mit raus nimmt, und der Käse ist gegessen. Er weiß zwar, wenn er ganz ehrlich ist, nicht hundertprozentig, was ein Cheetah ist, aber so was hat ein OPSler im Gefühl. Cheetah in der Fracht? Null Problemo!

Genau das dachte sich dann auch der Rampagent, als er die Seite aus der OPS-Bibel durchsah. Wunderbar, dachte er, der Loadsheeter denkt mit und versorgt mich mit allen Infos, die ich brauche. Kommunikation, Kooperation, Kopulation! Der Amsterdamer Zoo wird zufrieden sein.

Doch wie erstaunt war er, als er statt des erwarteten Menschenaffen in hölzerner Spezialkiste einen Geparden vorfand! Dabei stand auf der Kopie mit der Überschrift „Ladebeschränkungen" doch klipp und klar etwas von Schimpansen! Und das sind gewiss keine Großkatzen mit verdutztem Gesichtsausdruck, 2000 Tupfern und viel zu langen Beinen, sondern wild herum hüpfende, knuffige Äffchen, die sich ständig irgendwo lausen, „Hu, hu!" schreien und Bananen in sich rein stopfen! Wieso steckt da also ein Gepard in der Kiste!?

Keine Frage, da muss jemand bei Weight & Balance zu viele Tarzanfilme gesehen haben. „Cheetah" war ja auch so ziemlich der unpassendste Name, der je einem Affen verliehen wurde…

130

Bagman

Wer die Schoten bis hierher verfolgt hat, wird sich längst die Frage gestellt haben: Wann gibt's endlich wieder eine Story von unserem indischen Original? Schließlich war besagter *ImbissAir*-Oldie lange genug bei OPS, um auch in dieser Abteilung von sich reden zu machen…

Ruhe bewahren, zurück lehnen. Story kommt sofort. Bin ja selber schon ganz gespannt, was er sich bei der Flugzeugabfertigung so geleistet hat. (Kleiner Tipp am Rande: Wer den Kollegen nicht mehr kennen gelernt hat, möge sich im Geiste zu Star Wars versetzen und das Bild von Meister Yoda vergegenwärtigen—vielleicht nicht ganz so grün, sondern etwas bräunlich und mit Brille—und schon steht das indische Allround-Talent aus Düsseldorf vor dir.)

Vor seinem Wechsel zum Check-in trieb besagtes Talent nämlich auf dem Vorfeld sein Unwesen, und zwar in seiner Eigenschaft als Bag-ID-Beauftragter. Bei diesem Job kommt es darauf an, zusammen mit einer Horde Passagiere Memory zu spielen: Wenn das Check-in-System über die Anzahl der Koffer nicht genügend Aufschluss gibt, müssen die PAXe eben selber ran und ihre Anhängsel offenbaren. Zu diesem Zweck werden sämtliche Gepäckstücke vor dem Flieger aufgereiht (wer mal beim Bund war, kennt sicherlich noch den Befehl „In Linie zu einem Glied antreten!"), und daraufhin öffnet der Bus seine Pforten. Während die PAXe an 200 potenziellen Bomben vorbei flanieren, achtet jemand von uns darauf, wer auf welches Köfferle zeigt, und dieser Jemand war jahrelang unser Kollege aus Indien.

Nun ist er nicht umsonst für eine gewisse Kurzsichtigkeit bekannt. (Erinnern wir uns: Seine Brille trug er grundsätzlich nur zum Lesen.) Einerseits war er bei Tag-Nummern und den dazu gehörigen 3-Letter-Codes unschlagbar; andererseits bekam er nicht immer live mit, wenn ein Passagier seinen verbeulten Rimowa durch ein verschämtes Kopfnicken identifizierte. Es kam zum Beispiel vor, dass ein Gast mit den typischen Silberling-Attributen bereits die Treppe zum Flieger erklomm, in der Annahme, dass mit seinem Kopfnicken alles erledigt sei—und unser Kollege etwa drei Minuten lang hartnäckig an seinem Ärmel zupfte, um den Herrn zu seinem längst wieder erkannten Gepäck zu bewegen. „Hamma noch nicht gesehen… Muss man erst anschauen… Kommen Sie bitte mit…"

Es war ein Bild für die Götter: Ein 1,90 Meter großer Herr im Business-Look versuchte, die Treppe hoch zu kommen, während unser 1,60 Meter kleiner Yedi-Ritter daneben stand und dem Herrn systematisch das Jackett auszog…

Das alles geschah natürlich in Riem zu Zeiten, da Bagman noch mit einem Kugelporsche über die Flight peste. Sein Bündelfunk hatte er dabei immer auf volle Lautstärke gedreht, weil seine Ohren schon damals nicht mehr das waren, was sie nie gewesen sind. Wenn der Ruf kam: „Bagman, auf 131 die Palma!" nickte er, würgte den zweiten Gang rein (Bagman bewegte sich ausschließlich im zweiten Gang; eine Rikscha hat schließlich auch nicht mehr) und fuhr Richtung Mallorca. Falls sich die bevor stehende Bag-ID inzwischen wieder in Wohlgefallen aufgelöst hatte und über Funk der Widerruf erschallte, drehte er das Ding entnervt aus, nuschelte „Kann man nicht alles auf einmal machen!" und gab ein bisschen mehr Gas, bis vor ihm eine *GelbschwanzAir* in Sicht kam und hinter ihm ein kleines, luftgekühltes Motörchen allmählich anfing zu glühen…

Follow me!

Wir kennen es aus dem Rampen-Alltag: Schnell auf Position 207, die Commuter raus lassen, dann zur 189 und die *Luxury Airways* annehmen; zwischendurch wieder zur 205, weil da eine *Dollarflügel* überfällig ist, und so weiter. In meinen Alpträumen werde ich regelmäßig in den idiotischen Sommerflugplan von 2001 zurück gebeamt, als unsere Firma glaubte, Terminal I kaufen zu müssen. An einem Nachmittag hast du locker 30km auf dein Vorfeldauto geknüppelt, um 100 PAXe weiter zu schicken.

Nun muss man wissen, dass damals die „brandneuen" 200er-Positionen erst zu einem Bruchteil erschlossen waren. Drei Viertel der heutigen Flight bestanden aus gutem Erdingermoos. Da hast du schon mal gestutzt, wenn plötzlich irgendwo ein Flieger stand, wo eine Woche zuvor nur Kies aufgeschüttet war. Die Markierungen der Parkflächen waren entweder zehnmal überpinselt oder nicht vorhanden, so dass unsere Marshaller-Kollegen von der FMG alle Hände voll zu tun hatten, die Avrojets, ATRs und Havilands durch dicksten Baustellenverkehr zu ihren Positionen zu lotsen. Man musste sehr genau darauf achten, dass vorher alle Schilder mit der Aufschrift „Schutt abladen verboten!" entfernt worden waren.

Unsere Rampagentin war an diesem Tag mit einem VW-Golf namens „12" auf Position 200 unterwegs (zur Orientierung: Gleich dahinter kommt Schwaig, Oberding und Notzing). Der Zwölfer, ein Golf aus Gründertagen, weilt nicht mehr unter uns. Friede seiner Schlakke. Schon damals deutete sein Zustand auf ein baldiges Ende in der Schrottpresse hin. Er war halt praktisch, weil man nicht so übermäßig darauf achten musste…

Unsere Kollegin, die, wie gesagt, diverse „Pamperlflieger" hinter sich hatte, setzte sich in den Zwölfer und freute sich auf einen Kaffee, als ihr der Mercedes Sprinter des Marshallers auffiel. Das gelbe Monstrum überholte sie rasant von rechts, scherte vor ihr auf die Zufahrtsstraße ein und gab Stoff in Richtung Terminal I. Das blöde war nur, dass oben auf seinem martialischen Lampenturm in großen Lettern der Befehl „FOLLOW ME!" prangte. Unserer Kollegin rutschte fast das Herz in die Beinkleider.

Aber bei OPS arbeiten nur rechtschaffene Steuerzahler. Wir tun unsere Pflicht. Und wenn vor uns jemand ein offizielles Leuchtschild anknipst, dann wird gemacht, was da drauf steht. So geht's ja nicht!

Die Kollegin fuhr hinter dem Marshaller her: Am Rohbau des Terminal II vorbei zum alten Teil, dann weiter über die Ringstraße zu den 170er Positionen; sie passierte auch die 180er, bog rechts ab in Richtung der 900er und drehte auf, um den Follow-Me nicht aus den Augen zu verlieren…

Während der Fahrt machte sie sich allerlei Gedanken. Hatte sie was falsch gemacht? War sie unbewusst zur Verkehrssünderin geworden, wofür sie nun zur Rechenschaft gezogen werden sollte? Ging es auf diesem Weg etwa zu einer geheimen Verhörkammer…?

Oder erlaubte sich der unbekannte Marshaller mit ihr nur einen Scherz, weil er sie attraktiv fand? War dies die Airportversion von „Im Wagen vor mir fährt ein junges Mädchen"? Rattam, rattam, rattatattatam…

Die letzte—und wahrscheinlichste—Möglichkeit ging ihr erst durch den Kopf, als sie bereits lieb und brav bis zur Fracht hinter dem Vorfeldmarshall her gezuckelt war. Von ihrem Ausgangspunkt aus waren das vier Kilometer. Er hatte einfach vergessen, sein „Follow-Me" abzuschalten.

Insgeheim musste unsere Kollegin natürlich schon ein wenig schmunzeln, als ihr aufging, was sie da gemacht hatte—schließlich ist der Follow-Me nur für Luftfahrzeuge da. Aber während sie umdrehte und zum OPS zurück fuhr, warf sie doch noch einige verstohlene Blicke in den Rückspiegel. Man konnte nie wissen...

OPSler und Sammler

Geschichten, die das Leben schreibt, entstehen sogar am Münchner Flughafen. Blöd ist nur, dass das Leben nicht immer ein Laptop dabei hat, um mitzuplotten. Aber manchmal ist ja ein Kollege in der Nähe, der Augen im Kopf und ein einigermaßen funktionstüchtiges Kurzzeitgedächtnis hat.

Einige Kollegen bei *IA* Operations sitzen gerne am wohlklimatisierten Loadsheet; andere laufen lieber auf der Rampe herum und genießen frisches OPS-Wetter (eine Mischung aus senkrechtem und waagerechtem Regen). Jedem das Seine. Ich selbst habe bis heute nicht herausgefunden, was am Loadsheet so toll sein soll. Sogar die *Air Dollemutti* ist mir in freier Natur lieber als am Bildschirm, obwohl besagte Flattermänner auf den 800er-Positionen kurz vor Hallbergmoos ihre Nistplätze haben.

Da draußen sieht's aus wie auf dem Northrup Strip in White Sands, New Mexico—nur grüner. Die Bebauung ist in etwa die gleiche: eine Startbahn, eine Taxiway, acht Entries, ein großer Parkplatz. Am Südrand steht klein und verschämt ein Baucontainer mit klappriger Tür und klapprigen Fensterscheiben. Dazwischen ziehen sich von Horizont zu Horizont breite Streifen voller leckeren, saftigen Grases. Nur die Kühe machen sich rar. Als der Flughafen gebaut wurde, sah man davon ab, die Wiesen zwischen den Taxiways als Weideflächen freizugeben, weil Kuhglockengebimmel vom Ambiente her nicht zum Erdinger Flachland passt. Außerdem können Elektrozäune die Instrumente moderner Flugzeuge empfindlich beeinflussen.

Eines schönen Sommernachmittags war meine Wenigkeit dazu verdonnert, acht ankommende *Dollemutti-*

Flüge anzunehmen. So was machst du mit zwei oder drei anderen Kollegen: Du fährst raus auf die 800, nimmst sämtliche Papiere für die Folgeflüge mit und verteilt alles gerecht auf die rein kommenden Flieger. Mit etwas Glück treffen sie kleckerweise ein und sind mit je zwei vorzeigbaren Zofen bestückt.

Mit von der Partie war eine ganz besondere Kollegin. Die Rampagentin, um die es geht, ist für eine gewisse Naturverbundenheit bekannt. Vögel kann sie am Gepiepse unterscheiden, und auch beim Schwammerlsuchen kannst du dich auf sie verlassen. An diesem Tag stellte sie ihre fachliche Kompetenz im Umgang mit Heilkräutern unter Beweis.

Es war ein Bild von geradezu idyllischen Ausmaßen: Während auf dem Apron die GPUs vor sich hin ratterten, die Cleaner Schweiß treibend durch die Flieger gescheucht wurden und der Tankerfahrer von einem zum nächsten hetzte, um die obligatorischen „1700 kg" los zu werden, sonnten wir uns zu dritt vor dem Container und beobachteten fasziniert unsere Kollegin, die in gebückter Haltung entlang dem Taxiway unterwegs war. Von Zeit zu Zeit zupfte sie blumenähnliche Lebensformen aus dem Boden. Wenn sie nicht um ein Haar vom A-300 des *Orientteppichflugdienstes* umgenietet worden wäre, hätten wir sie später in Moosinning abholen müssen.

Als sie dann doch zum Container zurück kam (inzwischen hatten wir drei weitere ATRs angenommen) hielt sie mir einen Strauß unter die Nase, der mir mindestens eine halbe Stunde Niesen einbrachte. Erst später, als sie mir einige komplizierte Namen und die damit verbundenen Heilkräfte nannte, begriff ich, dass ich es nicht mit einem popeligen Riechbesen zu tun hatte, sondern mit fachmännisch ausgewählten Kräutern. Es waren ja auch bei näherem Hinsehen keine nennenswerten Blüten dran.

„Schau mal, da wächst der Scharfe Krähenfuß," rief sie begeistert. „Der hilft besonders gegen Falten. Das da, der Gekettelte Frauenmantel, wurde schon von den alten Römern erfolgreich als Erektionshemmnis eingesetzt. Schmeckt gut morgens zum Müsli. Bei kleineren und größeren Amputationen hat sich der gemeine Sägelauch bewährt. Pfotenlattich und Hasengarbe sind bei vorgetäuschter Migräne angesagt. Nur siebzehn Jahre trocknen und mit Aloe Verdi versetzen…"

Ich bin mir nicht sicher, ob ich all die Bezeichnungen völlig korrekt behalten habe. Das ganze ist bereits länger her. Ich weiß nur, dass ich an diesem Nachmittag eine gepfefferte Lektion in *Airport-Herbing* erhalten habe: Hier wurde mir eine Kerosin-geschwängerte Unkrautwiese als Alternativ-Ökogarten angepriesen—von einer Frau, die noch zehn Jahre nach Tschernobyl weder heimischen Spargel noch Pilze anrührte…

Ungeahnte Möglichkeiten

Jeder von uns stellt sich aus gegebenem Anlass mindestens einmal am Tag die Ü-Frage: Ist es wirklich wahr, dass unsere Firma mit überbuchten Flügen mehr Kohle macht als ohne? Lohnt sich der ganze Rummel um VDB, Wartelistentags, Entschädigungsvoucher, Umbuchungen und Upgrades überhaupt?

Na ja, die Zahlen sprechen für sich. Es lohnt tatsächlich. Die Frage ist nur: Schöpfen wir's richtig aus?

Andere Airlines sind da nämlich um einiges innovativer als wir. Sind wir doch ehrlich: Die Germanen sind nicht wirklich für Flexibilität und unternehmerisches Denken bekannt. Aber warum soll das, was jeden Tag in der überfüllten S-Bahn praktiziert wird, nicht auch an Bord eines A 300 möglich sein?

Das folgende ist ein Auszug aus dem Handelsblatt vom 5. 09. 2000. Ich sauge mir also nichts aus den Fingern:

„Ein Passagier der K… Airways musste auf dem sieben Stunden langen Flug von Bangkok nach Kuwait stehen. Aufgrund eines Reservierungsfehlers war ihm die Bordkarte weggenommen worden. Nach langen Verhandlungen hatte er sich zu dem Flug im Stehen bereit erklärt. Die Airline hatte zunächst den Vorfall bestritten. In einer Erklärung hieß es jetzt, Nachprüfungen haben ergeben, dass der Vorfall auf einen unbeabsichtigten Fehler zurück gehe. Künftig wolle man solche Pannen vermeiden. Für das Handelsblatt ergeben sich durch den Vorfall neue Möglichkeiten. Nutzten die innovationsfreudigen Airlines konsequent das Potenzial von Stehplätzen, gäbe es keinen Bedarf für den A 380 mehr."

Der Gute ist wahrscheinlich die ganze Zeit in der Galley rumgehangen und hat sich voll laufen lassen—schließlich ist Kuwait ein ziemlich trockenes Pflaster…

Airportisch

Seit meinem Abschied aus der Passage komme ich nicht mehr oft dazu, Passagiere zu beobachten. Ich gestehe, dass mir das ein wenig fehlt (zumindest minutenweise). Aber das Belauschen kann fast genauso gut sein.

Passagiere, Check-in-Personal, Gateagents, Offizielle—nirgendwo wird so viel Schmarren verzapft wie in der ernsten Umgebung öffentlicher Gebäude. Man könnte meinen, neben der Rechtschreibreform habe noch eine Linkssprachreform stattgefunden. Du brauchst bloß die Ohren aufzusperren, und die „ernste" Atmosphäre ist dahin. Manchmal kann schon der Akzent, den jemand an den Tag legt, wenn er sich in einer Fremdsprache artikuliert, verheerend sein. So war's zum Beispiel bei der aufgemaschelten Ungarin, die bei der *Ungeteilt* eincheckte. Ihre Stimme hätte jede Sirene in den Windschatten gestellt, als sie dem beklagenswerten Kollegen ihr Reiseziel nannte.

„Ei vant to go to Laaas Vääägas!!"

Der Check-in-Profi ließ sich von solchem Stimmvolumen nicht beeindrucken. Er wusste nur, dass zwischen Ungarn und der Neuen Welt gewisse Einreiseformalitäten zu regeln waren. „Do you have a visa?" fragte er.

Die Balkan-Bavaria war etwas verunsichert: „Nooo, only Amääärican Äxprääääss…"

Ein weiterer Stolperstein sind englische Eigennamen. Wer erinnert sich nicht an die Fernsehansage von Evelyn Hamann: „Auf dem Landsitz North Cothelstone Hall von Lord und Lady Hascoth-Fortescue leben neben dem jüngsten Sohn Maredeth noch die zwei Kusinen Priscilla und Gwynneth Molesworth…"

Nun, man nehme einen beliebigen Check-in-Schalter, stelle ein Richtmikrofon auf und lausche.

„Guten Tag," meinte ein schüchterner Passagier im gezwungenen Businesslook, „ich möchte nach London Hetero…"

Ein anderer Gast ähnlicher Sparte hatte einen Flug nach London Hydro gebucht. Auch sehenswert.

Zwischendurch kommt eine Durchsage nach der anderen über die PA, und du weißt nicht mehr, wo du zuerst lachen sollst: „Wir bitten Frau Kesebir angekommen aus Philadelphia, sich bei der Hauptinformation zu melden…" Als nächstes wurde Passagier Rosa Finger ausgerufen. Ich neige dazu, mir so was bildlich vorzustellen, in humanoiden Maßen von 1,70 Meter aufwärts…

Derweil wurde bei Gate B 15 zögernd eingestiegen, weil die Passkontrolle so lahm vonstatten ging. Um die Sache zu beschleunigen, erschallte die Manifestiererin: „Bitte halten Sie ihre Pässe für die nächste Inspektion bereit!"

Klar—bei besonders häufiger Reisetätigkeit muss man auf regelmäßigen Ölwechsel achten.

Bei der Sicherheitsbefragung ist inzwischen ein Fast-Food-Nation Member eingetroffen, das sich seiner Nervosität in einem Atemzug (und mit dem Tempo einer Uzi) Luft macht: „I packed it myself, the damn thing was never unattended and I'm looking for a rich man!"

Intimbefragungen, wie es sie Gott sei Dank nur bei den Amerikanern gibt, sind etwas Nettes. Du gewinnst Einblicke, die du nie gewinnen wolltest, und musst dabei auch noch ernst bleiben. Hin und wieder begibst du dich dabei in latente Gefahr. Bei der Befragung eines Ehepaares zum Beispiel wollte die Sicherheits-Kollegin vom Ehemann wissen, wie es ihm auf Kuba gefallen habe. Als sie daraufhin die Blitze speienden Augen der Ehefrau sah, die keinen Kubastempel im Pass hatte, überlegte sie ernsthaft, ob sie nicht eine Zusatzlebensversicherung abschließen solle.

Der Kopf des Mannes färbte sich hummerrot, und was dann geschah, konnte nicht einmal annähernd mit Szenen aus *Rosenkrieg* mithalten. Die Frau holte für einen ganzen Hurrikan Luft. „*Was* hast *du* in *Kuba* gemacht!?"

Es war eine Befragung ohne Happyend, aber so was muss es ja auch geben.

Ansagen und ihre Tücken

„Meine Damen und Herren, eine kurze Information für die Passagiere des Fluges 999 nach JWD: Ich muss Sie leider darüber informieren, dass sich Ihr Flug auf Grund der hiesigen Wetterverhältnisse um zirka eine Stunde verspäten wird. Das Flugzeug kann jetzt in München nicht landen, weil es noch nicht mit einem *Nebel-Lande-Suchsystem* ausgerüstet ist. Ich bitte die Verzögerung zu entschuldigen und bedanke mich für Ihr Verständnis."

Hatte ich schon erwähnt, dass Ansagen bei uns am Flughafen immer professionell vorgetragen, wohl formuliert und informativ sind? Nun, ähnlich ist es an Bord. Warum sollen die vom Fliegenden auch anders reden als wir—schließlich gehören sie überwiegend zur gleichen Spezies.

„Meine Damunderrn, hier spricht Ihr Kapitän. Willkommen an Bord unseres Fluges 767, der sie nonstop von New York nach Los Angeles bringen wird. Vor uns liegt gutes Wetter; wir erwarten also einen ruhigen Flug ohne Zwischenfälle. Lehnen Sie sich zurück, entspannen Sie sich und genießen Sie den Flug und unseren Service an Bord—*Oh mein Gott...!!!*"

Stille.

Dann, nach fünf bangen Minuten, in denen jeder an Bord zu Eis erstarrte, meldete sich der Chef erneut über die PA: „Meine Damunderrn, es tut mir leid, wenn ich Sie vorhin erschreckt habe, aber während ich mit Ihnen sprach, brachte mir die Flugbegleiterin eine Tasse Kaffee, die sie mir komplett über den Schoß kippte. Sie sollten meine Hosen mal von vorn sehen."

(In der Economy Class soll daraufhin ein Gast zurück gebrüllt haben: „Das ist noch gar nichts. Er sollte sich meine mal von hinten angucken!")

Unterdruck

Unsere Flieger werden auf vielfachen Wunsch hin mehrmals am Tag gecatert und betankt. Das sind die Tätigkeiten, bei denen was in den Flieger *reinkommt*. Daneben gibt es andere, weniger attraktive, aber ebenso notwendige Tätigkeiten, bei denen was *rausgeholt* wird. Nein, ich meine nicht die Loader und ihre Koffer.

Was die Cleaner in ihren großen Müllsäcken aus unseren Boeings und Airbussen ziehen, ist so viel wie das Bruttosozialprodukt von Turin (Fiat-Werke). Besonders extrem schlagen die Chartermühlen ex Griechenland zu Buche. Da wird die Kabine einfach mal zur Mülltonne umfunktioniert: Was da unter den Sitzen hervor geholt wird, ist mehr, als die Caterer zuvor eingeladen haben.

Die andere, noch weniger beachtete Entsorgungstätigkeit am Flieger hat was mit Vitalfunktionen zu tun. Anders ausgedrückt (ja, *ausgedrückt* ist schon nicht schlecht): Mit dem, womit auch Werner und Meister Röhrich ihre Rundstücke verdienen.

Wenn der Toilettenwagen vorfährt, wird's kurzzeitig laut; es pfeift, gluckert, rülpst; durch einen halb transparenten, 10 cm dicken Schlauch fließt eine nicht näher zu bestimmende Substanz; und die Sache ist vorbei. Natürlich nur, wenn's draußen warm ist und an Bord die Vakuumanlage funktioniert. Im Winter sieht die Sache—aufgrund gelegentlicher Vereisung—etwas anders aus.

Nun gibt es in Europa viele Städte, die wir anfliegen. Die meisten sind in maximal 1½ Stunden zu erreichen, aber manche sind eben etwas weiter weg. Bukarest zum Beispiel. Ich erinnere mich, einen A 321 abgefertigt zu haben, der mit zwei Toiletten ausgestattet ist, einer vorne und einer hinten. Schon bei der Ankunft hieß es, die

Vakuumpumpe sei non-op. Das bedeutet, dass die Spülungen am Boden überhaupt nicht und in der Luft (durch den Druckunterschied zwischen Kabine und Außenwelt) *vielleicht* funktionieren. Eine Garantie dafür gab es auch seitens des Technikers nicht.

Der Captain sah nervös auf die Uhr. Wegen der Toiletten Verspätung machen? So was will keiner. Ob ich denn mal am Gate anrufen könne, so ganz kollegial, um der Manifestiererin eine entsprechende Ansage aufs Auge zu drücken…?

Ich nickte und versuchte mir im Geiste das Gespräch vorzustellen, das ich daraufhin mit der Kollegin vom Check-in führen würde. „Hier die Rampe von der Dings, also ihr müsst den Schlümpfen unbedingt sagen, dass unsere Klos nur zum Pieseln geeignet sind. Für harte Sachen fehlt uns der nötige Unterdruck. Möglichst alle vor dem Einsteigen zur Keramikausstellung schicken. Aber diskret, wenn's geht."

So was kannst du in einer Ansage am Gate natürlich nicht bringen. Aber was machst du sonst? „Wir weisen Sie darauf hin, dass wir es Ihnen aus Trimm-Gründen nicht gestatten können, während des Fluges aufzustehen?"

Auch nicht das Tollste.

Vielleicht so: „Verehrte Gäste, aus technischen Gründen bitten wir Sie nun, das Rauchen, Essen und Trinken einzustellen und Ihre Bordkarten bereit zu halten…"

Bis sie das kapiert haben, sind sie eingestiegen, und der Captain kann Tacheles reden.

Von Vögeln und Nüssen

In jeder Firma gibt es eine Abteilung, die für alle anderen Abteilungen die Kastanien aus dem Feuer holt. Bei Media Markt ist es der Customer Service, bei Ikea die Meckerecke und beim FC Bayern der Ulli Hoeneß.

Abteilungen dieser Art zeichnen sich meistens durch entspannende Musik in der Telefonwarteschleife aus: Nach 20 Minuten Vivaldi hast du vergessen, dass die neue Waschmaschine zum dritten Mal deinen Keller geflutet hat, und wenn sich dann endlich ein Mensch aus Fleisch und Blut meldet, fragst du ihn euphorisch nach den Preisen für Einmann-Schlauchboote.

Ab einer bestimmten Flottenstärke sorgen handelsübliche Airlines nicht mehr nur dafür, dass die regulären Beschwerdebriefe beantwortet werden. Darüber hinaus setzen sie einiges daran, dass zum Beispiel die flöten gegangenen Koffer zu ihren Besitzern zurück finden—allein schon, um die Flut oben genannter Beschwerdebriefe etwas einzudämmen. Und für so was gibt's eine ganz besondere Abteilung: Lost & Gone. Oder meinetwegen Lost & Sometimes Found.

In dieser Abteilung lässt sich ein Fluggast nur sehen, wenn sein Samsonite fehlt, nicht mehr geradeaus rollt oder—schlimmstenfalls!—irgendwo verbeult ist. Aber die Leute von „Lost" arbeiten nicht nur im Kundenkontakt: Die meiste Zeit verbringen sie mit der Suche nach bzw. dem Sortieren von Gepäck.

Wenn solch eine Suche von Erfolg gekrönt wird, freut sich erst der Kollege am Tracer und dann der Fluggast am Telefon. Denn manche Mitbringsel aus dem Urlaub haben einen schier unübertrefflichen Wert, besonders, wenn sie von einer entlegenen Insel stammen (Balearen) und unter vollem Risiko durch den Zoll geschmuggelt werden sollen—etwa wie der Jutesack voller Ko-kosnüsse, der einst am Gepäckband vergessen wurde.

„Wir haben ihn," röhrte ein Kollege im alten Riemer „Lost" ins Telefon. „Ihren Sack haben wir gefunden. Aber an der Seite hängen die Nüsse schon raus."

Also ich weiß ja nicht—also ich als Kunde—also ob ich mich über so was wirklich freuen könnte…?

So ähnlich wird auch der Kapitän des Airbus 319 ge-dacht haben, dem unmittelbar nach der Landung noch auf der Taxiway ein mittlerer Flugsaurier in den Einser-Motor geflattert ist. Vogelschlag ist nie besonders reiz-voll (weil Riesensauerei), zumal der Tierarzt in den sel-tensten Fällen noch was ausrichten kann. Die Technik muss mit Schrubber und Lappen anrücken; die Vorfeld-aufsicht schickt den dicksten Landcruiser mit 20 Lam-pen auf dem Dach vorbei, um den Fall „aufzunehmen"; Operations schickt einen Supervisor, weil der Rampa-gent ja eventuell überfordert sein könnte (Neugier spielt dabei natürlich keine Rolle!), und bei der Einsatzsteue-rung laufen die Telefone heiß.

Als ob unsere geplagte Einsatzsteuerung nichts Bes-seres zu tun hätte, als sich um geshredderte Saatkrähen zu kümmern! Also schön, Company-Frequenz aufge-dreht und ran ans Funkgerät.

„Schönen guten Morgen, *ImbissAir* acht-irgendwas," erschallte der Disponent. „Wie ich hörte, haben Sie Pro-bleme mit Vögeln…"

Nein, also ich als Kapitän… also ich *weiß* nicht.

Nun ist unsere Einsatzsteuerung auf dem Vorfeld ziem-lich zentral untergebracht. Von gewissen Dispo-Tischen aus hast du eine erstklassige Sicht aufs Terminal und weißt manchmal schon vom Hingucken, was auf Positi-on 105 gerade fehlt. Nur einige Positionen lassen sich nicht hundertprozentig einsehen, weil sie hinter Interimshalle A liegen (einem Billig-Anbau mit drei Bus-Gates, der zwischen zwei Brückenpositionen aufs Vorfeld raus gebaut worden ist).

Einen Kollegen kölscher Herkunft ließ das relativ unberührt. „Einen Crewbus zur ‚India Romeo‘ auf 104? Bestelle ich Ihnen pronto.“

„Das ist nett,“ meinte der Captain. „Wir stehen ja auch erst seit einer halben Stunde hier.“

„Leck misch an de Täsch!“ Der Kollege war entsetzt. „Da hätten Sie sich doch längst rühren können!“

„Aber Sie sind doch direkt gegenüber von uns,“ seufzt der Fliegerfahrer. „Da müssten Sie uns doch sehen, wenn Sie aus dem Fenster gucken.“

„Enää, bis zur 104 kann isch nit luure,“ verwahrt sich der Kollege, eifrig aus dem Fenster spähend. „Oder—halt, warten Sie—doch, jetzt seh' ich Ihren Schwanz.“

Ich weiß *wirklich* nicht…

Wenn's drauf ankommt, schütteln auch unsere Vorstände solche Kommentare aus dem Ärmel. Ich erinnere mich an eine hochoffizielle Zusammenkunft mit einem unserer Top-Manager, bei der es darum ging, wer gegen Ende der Sitzung welche Referate liefert. Der Nachmittag war schon fast rum, und es war klar abzusehen, dass mit Sitzungsende 17:00 Uhr noch lange nicht alle Themen abgehandelt sein würden. Auf die Frage des Vorsitzenden hin, ob man denn nach dem Abendessen nicht noch 'ne Stunde dranhängen könne, begann besagter Vorstand hektisch in seinem Palmtop zu blättern.

„Also das Ganze nach hinten rausziehen,“ überlegte er. „Nach 18:00 Uhr, das wird schwierig… Heute bin ich hinten ein bisschen eng.“

Seitdem frage ich mich, ob es erst zum Totalverlust aller rhetorischen Werte kommen muss, bevor man zum Manager gekürt wird…

Hot Snacks mit ohne Frills

Als Rampagent bin ich an das Sprachenmischmasch gewöhnt, mit dem sich unsere Streifenhörnchen im Cockpit verständigen: englische Fachbegriffe aus der Fliegerei, die je nach Herkunft mit hessischer, westfälischer oder schwäbischer Tinte eingefärbt sind. „No Broblem, Dschendlmen! Wir taxien zur Number-One-Bosition midder Power in ‚Idle‘ und sind immediately airborne!"

Völlig normales Pilotenenglisch, das. Leicht zu verstehen. Funktioniert sogar bei den Ösis: „Wooos iiis…? Board'n wüüst!? Geh heast, loß di psychatriern! I hob a Deechnicl, kaan Strom in der Galley, an groß'n Braunen hom's mer aa no ned broocht, mei Aanser Eengine hot a gigaantische Veibration, da Pürser is iindisponiert, und wann i Beech hob, mooch i zwaa Stund Delay wegn am Sloot…"

Nein, auch Önglisch verstehen wir inzwischen. Nachfragen muss ich nur noch, wenn mir eine rot gekleidete Flugbegleiterin was von „Gebäckstücken" erzählt: Entschuldigung, reden wir jetzt von Brezen oder von Samsonites?

In der Teppichetage dagegen bekommst du andere Sachen serviert, und damit sind wir endlich beim Thema.

Münchener Personalräte sitzen kulturell gesehen zwischen mehreren Stühlen: Verträge, Vereinbarungen, Gesetzestexte und Kommentare sind generell im einfachen Chinesisch der Ming-Dynastie abgefasst; Fragen an die Chefetage werden auf Denglisch beantwortet; die Belegschaft spricht größtenteils Bayrisch; und die Personalräte sind mit ihrem lückenhaften Schullatein allmählich am Ende.

Nun muss man wissen, dass es in Meetings mit den leitenden Angestellten viel um Unternehmenspolitik geht, um die wirtschaftliche Lage, Marktanalysen, interne und externe Informationspolitik und dergleichen mehr. Manches davon ist inzwischen mit so vielen Anglizismen durchwuchert, dass man sich fragt, wie es andere deutsche Unternehmen jemals geschafft haben, mit nichts weiter als ihrer Muttersprache bewaffnet überhaupt bis ins Örtliche Telefonbuch vorzudringen.

„Meine Damen und Herren, das Commitment unserer Service Professionals ist unimpaired, da sind wir d'accord. Nur müssen wir uns nach eingehendem Benchmarking fragen, inwieweit unsere Human Resources einem graduell ansteigenden Demand im Low-Cost Environment begegnen können. Die Frage ist: Sind wir da überhaupt kompetitiv? Ich sehe da suboptimale Performance auf uns zukommen."

„Streben Sie für den No-Frills-Bereich etwa eine Outplacement-Lösung an…?"

„Wir checken gerade ab, ob das eine valide Option ist. Im Rahmen einer Redimensionierung aller concernedten Ressorts halte ich ein gezieltes Outsourcing für die am besten geeignete Procedure, unsere Goals zu erreichen. Sie müssen ständig den Balance haben zwischen Revenue und Cost, und wenn die Cost out of Balance geht, wird internationalisiert. Auch, wenn es da Friktionen gibt. Wollen Sie die Folien mal sehen?"

Natürlich! Jeder will Folien sehen! Schöne, bunte Folien, auf denen jede Menge Torten, Säulen und Zickzack-Kurven zu sehen sind. Solche Grafiken brauchst du nämlich nicht erst zu übersetzen…

Anglizismen, Anglizismen. Sie sind aus der Sprache der Wirtschaftler ebenso wenig wegzudenken wie die gelegentlichen Beiträge auf Französisch, die zu Kaisers

Zeiten in den „vornehmen Kreisen" üblich waren. Dabei haben wir eine komplette Sprache ganz für uns allein, und sie funktioniert wunderbar: Wie viel einfacher wäre es doch, statt über „Outplacement" und „Redimensionierung" von Ausgliederung und Kündigungen zu reden. Wir sollten die „Human resources" bald wieder zu menschlichem Personal machen, denn sonst klingt's allzu sehr nach „Rohstoffen, die bald erschöpft sind."

Es gab mal den Versuch, an Bord der innerdeutschen *ImbissAir*-Flüge statt der langweiligen Lachs-Sandwiches eine warme Minimahlzeit einzuführen. Die Sache wurde wegen (g)astronomischer Kosten und verheerender Kritik der betroffenen Fluggäste sehr schnell wieder eingestellt. Kommentar aus dem Vorstand:

„Der Hot Snack performt nicht!"

Zwei-bis-drei-Klassen-Gesellschaft

Setting: irgendein Check-in-Schalter in Abflughalle A, Flughafen München 2, anno 1997.

Plot: Ein Gast kommt zu unserem Kollegen an den Schalter, will nach Brüssel einchecken und verlangt einen Fensterplatz möglichst nicht über den Flügeln.

So was kann zu überraschenden Ergebnissen führen, aber das muss ich etwas ausführlicher erklären.

Wenn heute jemand eingecheckt wird, geschieht das per EDV-Eingabe. Die Buchung wird geprüft (wenn's denn mal nur eine ist—in der Regel sind unsere Geschäftsflieger auf mindestens neun verschiedene Rückflüge gebucht, wobei Abflugszeiten ebenso variieren wie Zielorte); die ersten Buchstaben des Namens werden eingegeben, und auf dem Bildschirm erscheint eine Auswahl an gebuchten Passagieren, deren Namen mit o.a. Buchstaben beginnen. Wenn also „MU" eingetippt wird, kannst du dir entweder einen von 23 Müllers raussuchen, oder du bist etwas anspruchsvoller und nimmst Frau Muschkowa oder Herrn Muffel.

Spätestens, wenn du die Frage „Fenster oder Gang?" stellst, wird sich der eine oder andere Fluggast neugierig vorbeugen, um einen Blick auf deinen Monitor zu erhaschen. Denn inzwischen ist die EDV so weit, dass sie dir das Innenleben des Fliegers offenbart, mit dem der Gast im Begriff ist zu reisen: Vor dir erstreckt sich der Sitzplan.

Ein Flugzeug ist wie eine Schule streng nach Klassen unterteilt. Reihen sind durchnummeriert von 1 bis irgendwas, Sitze von A bis F oder von A bis K, je nach Flugzeugtyp. Bei manchen Airlines darf noch geraucht werden; die entsprechenden Reihen sind meistens im hinteren Bereich der jeweiligen Klasse angeordnet und im Sitzplan schwarz markiert. (Rauchwölkchen sind in unserer eher einfachen Software grafisch noch nicht darstellbar.)

Auf halber Länge dieser Anordnung, außerhalb der Begrenzungen des Fliegers, siehst du zwei parallele Balken. Beim Bobby (Boeing 737-300) zum Beispiel verlaufen sie von Reihe 7 bis 11. Irgendwo dazwischen liegt sinnigerweise der Notausgang, denn diese Balken symbolisieren zwei dringend benötigte Tragflächen.

Zur Erinnerung: Unser Gast will nach Brüssel. Diese Strecke wird gerne von unserem 80-sitzigen „Jumbolino" bedient, der, wie man weiß, als Schulterdecker auf die Welt gekommen ist und von vier kleinen Motörchen angetrieben wird. Es gibt zwar kaum eine Sitzreihe an Bord, in der die Sicht nach draußen nicht durch eines dieser Pusterohre verdeckt wird, aber nach unten schauen kann man eigentlich überall. Ergo sind im Sitzplan eines Avrojets nirgendwo Balken eingezeichnet.

„Am Fenster nicht über den Flügeln," murmelt der Kollege. „Nicht über den… Wissen Sie, ich glaube…"

Sein Blick wird lang und länger. „Ich glaube, dieser Flieger *hat* gar keine Flügel!"

Nach dieser Aussage soll der Gast zunächst eine Baldrian geschluckt haben…

Sitzpläne gleich welchen Typs tragen jedoch nicht nur zur allgemeinen Verwirrung bei. Manchmal kannst du sie sogar als Argumentationshilfe heran ziehen, wenn die Situation am Check-in brenzlig zu werden droht.

Nicht jeder Sitzplan nämlich passt komplett in das dafür vorgesehene Bildschirmfenster hinein: Beim 300er Airbus oder noch größeren „Dickschiffen" erscheint lediglich die gebuchte Klasse auf der Screen. Um eine Gesamtansicht zu erhalten, muss „gescrollt" werden (für die beneidenswerten Leser ohne Computererfahrung:

Beim Scrollen verschiebt sich der Bildschirminhalt horizontal oder vertikal). Wenn du also von deinem A340 nach Chicago gerade die etwas teureren Reihen 1 und 2 auf dem Schirm hast, und jemand hat Sitzplatz 46K in Economy reserviert, scrollst du die ganze Grand Missouri um ein paar Reihen nach links, und siehe da—von rechts läuft die komplette Holzklasse ins Bild ein.

„Ich muss da noch mit!!!"

Natürlich geht es um die eben beschriebene Chicago: Ein Gast hat's nicht rechtzeitig geschafft, steht ruhig und ausgeglichen vor dem Kollegen am Schalter und macht Volume. Es nützt auch nichts, dass der Kollege ihm erklärt: Mein Herr, es ist drei Minuten nach Schedule, es hat überhaupt keinen Zweck, sich hier zu echauffieren, das System kann Sie gar nicht mehr annehmen, die Kollegen am Flugscheinschalter buchen Sie um.

„Ich muss da noch mit!!!"

Unser gewiefter Kollege hat längst erkannt, dass er hier jemanden vor sich hat, dessen logische Denkfähigkeit irgendwo zwischen Taxi und Terminal B flöten gegangen ist. Er dreht den Monitor so, dass Mr. Chicago den Sitzplan sehen kann, legt den Finger auf die Taste mit dem ←Pfeil, und vor den beeindruckten Augen des Gastes scrollen First, Business und Eco majestätisch in den linken Bildrand hinein.

„Da sehen Sie's," erklärt der Check-in-Kollege. „Ihr Flieger rollt gerade zur Startbahn."

Diesem Argument ist unser Nachzügler nicht gewachsen: Was er mit eigenen Augen sieht, glaubt er bedingungslos. Man hört ihn erst wieder schreien, als die Kollegin vom Ticketing die Umbuchungsgebühr kassieren will…

Karren, Codes und Kleingedrucktes

Der Flugschein ist die beste Erfindung seit dem Dosenöffner. Seine Vielseitigkeit macht ihn für uns Airliner zu einem schier unentbehrlichen Kleinod, ohne das ein Überleben in der Passage nur schwer vorstellbar wäre.

Wie wir in einem früheren Kapitel bereits erörtert haben, gibt das Ticket unter anderem Aufschluss über den Namen und die Flugverbindung des potenziellen Reisenden. Das alles ist ein alter Hut und nicht besonders aufregend. Der Teufel steckt im Detail: Es sind die kleinen, unauffälligen Einträge irgendwo links oben in der Ecke, einzelne Buchstaben und Zahlen, die du beim normalen Check-in-Vorgang gar nicht bemerkst, die aber nichtsdestotrotz (bei richtiger Interpretation) von großem Nutzen sein können.

So erschien eines Tages ein Herr in mittleren Jahren beim Check-in in Halle A, der eine umfangreiche Sammlung an Aktentaschen, Laptops und ähnlich wichtigem Zeug mit sich herum schleppte. Nichts davon rollte von selber, was den guten Mann veranlasste, unseren Kollegen am Schalter als erstes nach einem Karren fürs Handgepäck zu fragen. Und zwar so einem, den er durch die Sicherheitskontrolle zum Gate mitnehmen könne.

Der Kollege war ein Profi. Statt einfach zu sagen: „So was gibt's an keinem Flughafen, nächster Witz bitte!" ging er auf die Anfrage des Gastes ein und studierte einen Augenblick lang dessen Ticket. Es war—wie die meisten Flugscheine—ein fest gebuchtes, ordentliches Ticket, und um diese Tatsache zu untermauern, war oben rechts das obligatorische „OK" aufgedruckt.

„Nun, wie ich sehe…"—der Check-in-Kollege wies bedeutungsvoll auf besagtes „OK"—„… hat Ihnen Ihre Reisestelle gar keinen Handgepäck-Karren gebucht."

„Was heißt, die haben mir keinen gebucht?" ereiferte sich der Gast. „Wie kommen Sie denn darauf?"

„Weil's da steht," erklärte unser Kollege. „OK heißt ‚Ohne Karren'. Wenn Sie den explizit gebucht hätten, stünde da ‚MK'."

„Na das ist ja…" Der Besitzer des Handgepäcks wusste nicht mehr weiter. „Und was mach' ich jetzt mit all den Taschen?"

Letztendlich gab er zwei davon freiwillig auf—etwas, das er „mit Karren" gewiss nicht getan hätte…

Oh, es gibt noch mehr interessante Einträge auf diesen magischen Zetteln, die wir Flugscheine nennen! Einer davon ist der sogenannte Filekey—eine scheinbar unsinnige Kombination aus Buchstaben und Ziffern, die aussieht wie eine britische Postleitzahl. Jeder abgeschlossenen Buchung wird automatisch ein solcher Filekey zugeordnet, weil er den Kollegen vom Ticketing ihren Job erheblich erleichtert. Fürs Check-in ist ein solcher Filekey so überflüssig wie ein Kropf, alldieweil fast alle EDV-Anfragen namentlich erfolgen.

Wie reagierst du aber, wenn sich ein Silberling vor dir aufbaut, sein Ticket zieht und dir statt einer zivil anerkannten Begrüßung ein herausforderndes „MD4Z8Y!" entgegen schleudert!?

Der Kollege, der mir diese Story nachher erzählte, ist für eine gewisse Schlagfertigkeit bekannt; außerdem kennt er sich hervorragend mit Buchungen aus. Er begriff also in Echtzeit, dass ihn der Silberling völlig grundlos mit seinem Filekey beeindrucken wollte, und konterte auf gleicher Schiene:

„R2-D2, angenehm!"

Mr. Filekey denkt wahrscheinlich heute noch, dass alle unsere Check-in-Leute durchnummeriert sind wie die Roboter bei Star Wars.

Koa Englisch net

Der Sonderflug nach Prag sollte möglichst kompetent, zügig und serviceorientiert abgewickelt werden, denn es handelte sich um die bevorstehende Reise der gesamten CSU-Parteispitze, die die *ImbissAir* für einen Kulturtrip zu einer tschechischen Schönheitsfarm gechartert hatte, oder so. Und die berühmte Straubingerin, die aufgrund ihres dunklen Teng nicht unmittelbar als solche zu erkennen war, galt schon am alten Riemer Flughafen als äußerst kompetent.

Sie fing die CSU-Torte (mit unterdrücktem Zähneknirschen) gefasst auf und besetzte das Gate. Da unser Lounge-Konzept seinerzeit noch weitgehend aus Körben mit Äpfeln, Mars-Riegeln und Mini-Joghurts bestand, die in den Warteräumen aufgestellt waren, erblickte sie um sich herum die allseits bekannten runden Standkörbe. Nur dass diese nicht wie sonst üblich mit Schokoriegeln, sondern mit Bananen vollgestopft waren.

Mit Bananen*stauden.*

Mit—die Kollegin blickte sich gehetzt um—einer ganzen Bananen*plantage.*

Und sie saß als Farbige inmitten all der Bananen an ihrem Gate, um die Katholische Fraktion nach Prag zu schicken! Die Blicke, die sie an diesem Tag erntete, sprachen Bände: *Fliegen wir hier wirklich in die Tschechei, oder eher nach Kamerun? Ernährt sich die Frau am Gate prinzipiell nur von heimischen Erzeugnissen, oder macht sie Reklame für Chiquita? Sollen wir das Obst im Rahmen einer politischen Kampagne nach Prag schmuggeln?*

Natürlich ging auch der eine oder andere Prolo-Kommentar in ihre Richtung: „Mir Schwarzen passen scho recht guat zamm, ha ha ha!"

Logisch, dass ihr Zähneknirschen nach und nach wieder einsetzte. Aber als es schließlich ans Einsteigen ging, dachte sie: Denen geb' ich's! Und ließ eine Ansage vom Stapel, die der halbe Bayrische Landtag heute noch im Ohr haben dürfte.

„So, Buam und Madeln, auf geht's! Eisteign derma, bittschön! Macht's de Zigarettn aus und zoagt's mer de Bordkarten, damit i sich, dass's da seid's! An scheena Fluag wünsch i eich, und hobt's mi gern!"

Damit hatte sie sämtlichen Spekulationen über ihren Akzent ein jähes Ende gesetzt—und erntete brandenden Applaus. Später erreichte sie sogar der eine oder andere Dankesbrief: „Ihr netter Service am Gate war unserer Studienreise eine große Bereicherung!"

Es geschah natürlich auch bei der Abfertigung unserer normalen Linienflüge, dass sie ungefiltertes Straubinger Lokalkolorit über die Passagiere ausschüttete. Als ich sie an ihrer jetzigen Arbeitsstelle interviewte, berichtete sie unter anderem von einem Gast afrikanischer Abstammung, der beim Einsteigen so schnell an ihr vorbei eilte, dass sie kaum sein Ticket liften konnte. Es machte Ratsch!, er schaute auf seine Hand, und übrig war nur noch der kleine Bordkartenschnipsel, der als Platzkarte diente. Alles Andere hatte die Kollegin gekonnt an sich genommen.

Er warf ihr einen nicht sehr freundlichen Blick zu und kam mit der plumpen Landsleuten-Anmache. „Du Suaheli?" bellte er.

Sie bellte zurück: „Du Woipertinger!?"

Die Leute rätselten öfters, wenn es um ihre „Geschäftssprache" ging. Auf eine Farbige, die sich in fließendem Bayrisch verständigt, ist einfach niemand gefasst: Eher wird da auf zentralafrikanische oder angelsächsische Idiome getippt. Die Überlegung, wie jemand, der des

Deutschen eventuell nicht mächtig ist, überhaupt an einem unserer Check-in-Schalter sitzen kann, spielt dabei nur eine untergeordnete Rolle.

An einem der berühmten „schönen" Riemer Tage saß o.a. Kollegin hinter einem Business Class-Schalter. Vor ihr stand ausnahmsweise niemand: Die Economy-Gäste warteten alle brav in der Schlange nebenan bei Eco. Und unsere Straubingerin (die bei solchen Gelegenheiten gern die Leute zu sich an den Schalter winkte) dachte bei sich: Naa, heit mog i net. Statt dessen beobachtete sie aus den Augenwinkeln das Ehepaar, das als letztes in der benachbarten Schlange wartete. Die beiden flüsterten sich verstohlen einiges zu, von dem Mrs. Straubing nur Fragmente aufschnappte:

„Jetza geh hoit hii…!"

„Naa."

„Ja—warum denn net!?"

„Du woaßt doch, dass i koa Englisch net ko."

Da hielt sie es nicht länger aus. Sie machte eine resignierende Geste, die ihren Schalter, sich selber und einen Großteil von Oberbayern einschloss und rief:

„Ja moant's ihr ernsthaft, dass i Englisch sprich!? Geht's weiter, ees zwoa, kimmt's zu mir ummer!"

Die Unbestechlichen

Den kleinen, aber feinen Unterschied zwischen Übergepäck und Übergewicht hat, glaube ich, inzwischen jeder kapiert. Übergepäckdiskussionen sind nicht immer lustig, besonders, wenn's auf Langstrecke geht: Je weiter du fliegst, desto mehr darfst du blechen.

Die kleine Koreanerin, die mit ihrem 35 kg schweren Koffer nach Seoul wollte, war sich dessen wohl bewusst, als sie irgendwann in den späten Neunzigern zu mir an den Schalter trat. Man stelle sich eine höchstens 1,60 m große, drahtige Asiatin vor, die ein Koffertrumm auf die Waage schleudert, in das sie locker rein gepasst hätte.

Ich blickte auf die Anzeige und versuchte, cool zu bleiben: Wo die Dame hin wollte, war leicht zu erraten, und bei einem Eco-Tarif konnte ich doch schlecht 15 kg Excess durchgehen lassen! Selbst, wenn ich ihr kulant, wie ich nun einmal war, 10 kg geschenkt hätte, wären 5 übrig gewesen. Bis Seoul kommen da locker 400 Euro zusammen.

Meinen traurigen Dackelblick muss sie wohl gesehen haben; auch die Koreanerin blickte aufmerksam auf die Waage. Aber anstatt in Panik auszubrechen, wies sie schüchtern auf sich und erklärte mir in fließendem Korenglisch: „I weigh only 45 kilogwams."

Mehr brauchte sie nicht zu sagen: Ich rechnete nach, zog von unserem durchschnittlich zu Grunde gelegten Passagiergewicht 15 kg ab, und siehe da—die Dame hatte noch mindestens 15 kg Freigepäck zur Verfügung!

So ähnlich, nur ganz anders erging es einem meiner Kollegen: Die Frau, die bei ihm nach Florenz eincheckte, war deutlich größer, aber auch schlank—um nicht zu sagen Model-mäßig—gebaut. Es war mitten im Sommer: Die Leute kamen in Blusen, kurzen Hemden und

Shorts an den Check-in und versuchten an Gepäck loszuwerden, was ging. Nur hatte besagtes Model ein bisschen zu viel Extra-Garderobe dabei. Wahrscheinlich
flog sie zu einem Shooting für den neuen Otto-Versand-
katalog: Mit zwei Koffern zu je 26 kg (aber wenig Handgepäck) lohnte es sich nicht mal mehr, die Nummer mit
der „Hast-du-nächste-Woche-schon-was-vor-Anmache"
zu probieren.

Es half nichts: 32 kg Excess sind keine Peanuts, und
wenigstens die Hälfte davon war zu kassieren.

„Aber so viel Geld hab ich nicht," seufzte Mrs. Übergepäck. „Ist es denn wirklich ganz sicher, dass du nächste Woche schon was vor hast…?"

„Definitiv," bekräftigte der Kollege schweißgebadet.

Das Model-Mädel zuckte die Achseln, lupfte seine
Koffer wieder auf den Gepäckwagen und verschwand
in Richtung Rolltreppe. Der Kollege sah ihr lange
nach…

Es dauerte keine Viertelstunde, bis vor seinem Schalter eine Dame mit amerikanischen Fast-Food-Ausma-
ßen erschien. Sie trug einen Mantel, darunter mehrere
Jacken und Röcke, auf ihrer Stirn standen wenig da-
menhafte Schweißperlen, und auf der Waage zwei Koffer mit insgesamt 30 kg. Erst auf den zweiten Blick erkannte unser unbestechlicher Check-in-Mann, dass das
Traum-Model von vorhin ordentlich an Volumen zugelegt hatte.

„Also gut." Der Kollege versucht krampfhaft, sich das
Lachen zu verkneifen. „Wie viel Geld haben Sie dabei?"

Irgendwo innerhalb ihrer umfangreichen Klamotten-
sammlung verwahrte die Dame einen Rest von 50 DM,
den sie bei der folgenden Übergepäck-Kalkulation des
Kollegen auf den Pfennig los wurde.

„Aber nichts ausziehen," schärfte er ihr noch ein, bevor sie sich transpirativ auf den Weg zum Gate machte.

Drei mal Heraklion ohne Kaffee

Der deutsche Charterflieger nach DIN 0815 startet von daheim in Hawaiihemd und Turnschuhen, hat einen Koffer mit 20,0 kg dabei und die Kamera samt Nackenkissen im Handgepäck. Ausnahmen hiervon sind lediglich die wenigen hunderttausend Vielflieger von *Imbiss-Air*, die einmal im Jahr bei *Himmelblau-Reisen* einsteigen und meinen, ihre üblichen zwei Bordcases hinter der Galley „in die Garderobe" stellen zu dürfen.

Dieser klassische Holzweg beginnt schon beim Check-in. Du sagst „grüß Gott," pflückst die Tickets ab, gerätst beim Anblick der mitgelieferten Reisepässe in leichte Ekstase, fragst dich mit einem Anflug von Nervosität, wo der Haken ist, blickst auf—und stellst fest, dass du mit einer Pappschachtel geredet hast.

Einer enorm großen, weißen Pappschachtel. Der Aufdruck in Fotoqualität lässt darauf schließen, dass dieser Karton ursprünglich als Behausung für eine schweineteure Kaffeemaschine gedient hatte. Oben ist er mit braunem Klebeband verschlossen.

„Was, eh, ist das…?" stammelst du.

Der Gast, dessen Hände unter der Schachtel ineinander gekrampft sind, blickt weiter starr geradeaus und konzentriert sich verbissen auf seinen Trägerjob, während sich sein Hintermann zu voller Größe aufrichtet.

„Unsere Kaffeemaschine," erklärt dieser. „Auf Kreta, in Heraklion, da, wo wir wohnen, gibt's nämlich keinen gescheiten Kaffee. Das Waschwasser da kann kein Mensch trinken. Wir nehmen *immer* diese Kaffeemaschine mit. Auf Kreta, in Heraklion, da, wo wir wohnen, machen wir nämlich unseren *eigenen* Kaffee."

„Sehr schön," entgegnest du. „Die müssen Sie aufgeben. Als Handgepäck ist das Ding zu groß."

„Wie? Aufgeben?" Der Kaffeekenner plustert sich noch etwas weiter auf. „Das ist unser *Handgepäck*!"

„Verstehe." Du blinzelst ihm vertraulich zu. „Sie wollen auch die anderen Fluggäste an Bord mit selbst gebrautem Espresso versorgen. Wissen Sie, dafür gibt's in jeder Galley mehrere fest installierte Kaffeeautomaten."

Für einen Moment wirkt Mr. Spitzenkaffee leicht verunsichert. „Die anderen...? Aber nein! Ich meine: wir sind zu dritt, da ist so was doch kein Problem."

„Und wenn Sie zu zehnt wären, könnten Sie's nicht mitnehmen," erwiderst du mit Engelsgeduld. „Maximum sind sechs Kilo, und der Karton hat mindestens 18. Würden Sie ihn freundlicherweise auf die Waage legen?"

Nachdem der „Leid- und Kaffeemaschinentragende" seine Last abgesetzt hat, nimmt er die Gelegenheit wahr, unauffällig seine Unterarme zu massieren. 18 kg waren, wie deine Waage beweist, nicht zu hoch gegriffen.

Natürlich machst du dem Gast irgendwie klar, dass das Ding ins normale Gepäck gehört. Es dauert seine Zeit, aber spätestens bei deinem Vorschlag, sein Gerät in drei Teile zu zerlegen, gibt er auf. Nur ein letztes Mal bäumt sich der trotzige innere Widerstand auf, den er sich in jahrelangem Geschäftsflugverkehr antrainiert hat:

„Und das *mir*, als Vielflieger bei der *ImbissAir*!"

„Sie sagen es," pflichtest du ihm bei. „Da sollten Sie sich inzwischen um einiges besser auskennen."

Derweil kommen aus den Schlangen hinter und neben ihm die ersten Kommentare: „Schade, ich hab' meinen Kühlschrank daheim vergessen... Die Mikrowelle wär' auch praktisch gewesen... Und wer backt mir da drüben das Schwarzbrot nach meinem Rezept...?"

Bleibt noch die Frage offen, was besser ist: Arme bis an die Kniekehlen und Bandscheibenvorfall—oder eine Woche Waschwasser...

Ins kalte Wasser

Die *IA*1716 nach Marseille war der erste Auftrag, den die beste Ehefrau von allen zu erledigen hatte: als alleinverantwortlicher Gateagent, ohne Einsteiger, ohne tröstende Worte ihrer bisherigen Ausbilderin. Drei Wochen lang war sie bei ihrer Trainerin, ihrer „Ziehmami" mitgelaufen, bis diese der Meinung war, dass sie nunmehr das Zeug dazu hatte, voll ins Geschäft einzusteigen.

Meine damalige Freundin hatte einen ihrer heiß geliebten Tagesdienste, und weil sie die Sache gewissenhaft anging, bereitete sie ihre Marseille schon im Arbeitsraum vor: Sie verglich Catering- mit Buchungszahlen, studierte ihre Ansagetexte, prüfte noch einmal alle Check-in-Daten und machte sich mit leicht flauem Gefühl in der Magengegend, aber sonst guten Mutes auf den Weg zu Gate B 35. Als sie dort versuchte, ihren Rechner hochzufahren, scheiterte sie bereits am Check-in-Programm. Der Zentralrechner stand.

Auch das noch! Eine Abfertigung ohne Computer ist wie ein Eis ohne Waffel: Du läufst Gefahr, dass dir die wesentlichen Sachen durch die Finger rinnen. Und als Neuling fühlst du dich klasse, wenn du auf solche Weise ins kalte Wasser geschmissen wirst. Andererseits— so was kommt vor und macht das Leben interessant. Also ruhig Blut und erst mal abwarten; vielleicht sieht die Welt in zehn Minuten wieder anders aus…

Leider zeigten die Monitore in den Warteräumen auch nach zehn Minuten noch das verächtliche „NO POLL", und Gate B 35 machte da keine Ausnahme. Zu allem Überfluss war B 35 ein Busgate; das heißt, dass nicht mal ein Rampagent vor Ort war, mit dem man hätte Rücksprache halten können.

„Schulligung! Herr Kollege!"

Die beklagenswerten Mitstreiter meiner ehemaligen Freundin, die das Pech hatten, an ihrem Gate vorbei zu kommen, wurden von ihr allesamt diverted, um ihr den einen oder anderen Vorgang zu erklären. Klar—bei solchen „Irregularities" brauchst du jede Menge Telefonnummern und vielerlei mehr, was du während deiner Mitlaufzeit vielleicht einmal aufgeschnappt, aber nie wirklich geglaubt hast.

„Sie möchten *was? Einchecken?* Einen Augenblick… Eh, Schulligung, Frau Kollegin!"

Gott sei Dank erinnerte sie sich daran, eine halbe Stunde vor Abflug einen Bus zu bestellen. Auch musste sie das Display über ihrem Schalter auf „Einsteigen" setzen, so dass die Leute wussten: Jetzt wird's ernst. Sie tippte ihre Touchscreen an, wartete… Das Ding begann diskret zu flimmern, wurde dunkel—und zeigte nur noch das Testbild. Damit war auch der Rechner der zentralen Busdisposition abgeschmiert. Na Prost.

„Sie, eh, hallo! Schulligung!"

Die Telefonnummer des Busdisponenten erhielt sie auf Zuruf eines vorbei eilenden Supervisors, der zu seiner überbuchten Istanbul unterwegs war. Klar, dass der Chef sich in so einer Situation nicht lange bei einem Canadair-Jet mit 48 Plätzen aufhalten konnte: Der Lärmpegel am Istanbul-Gate war bis nach Marseille zu hören.

Doch meine Freundin blieb Herrin der Lage. Als es ans Einsteigen ging, rief sie souverän alle Passagiere auf, die schon im Besitz einer Bordkarte waren: Wenigstens die sollten so sitzen, wie sie eingecheckt waren. Für den Rest der Mannschaft hatte sie etwas anderes parat—etwas, das sonst allerhöchstens bei Charterflügen vorkommt: Freie Sitzplatzwahl. Mit anderen Worten, das Gedränge an der Tür war vorprogrammiert.

Glücklicherweise nahm ihr das an diesem Tag kaum jemand krumm, denn von allen benachbarten Gates schwirrten ganz ähnliche Ansagen durch die Wartehalle. Die Leute begriffen, dass hier ein Check-in-GAU der allerbesten Sorte eingetreten war, und warteten gespannt, wie sich die Lage entwickelte: Schließlich erlebten sie gerade unverhofft eines der wenigen Abenteuer, die dem modernen Jetset noch vergönnt sind.

Also rein ins Getümmel! Die Ansage war gemacht, und nachdem sie einmal tief durchgeatmet hatte, drehte meine Frau den Schlüssel, der die automatische Schiebetür hätte in Gang setzen sollen.

Hätte.

Nein, das hatte mit Murphy's Law nichts mehr zu tun. Hier griff nur noch Koenig's Gesetz *(Murphy war ein Optimist)*. Denn die Tür rührte sich nicht vom Fleck.

Die Passagiere beobachteten teils amüsiert, teils mit einem Anflug von Nervosität, wie sich die Gate-Mieze von *ImbissAir* (Schulligung) gegen die Tür warf, daran rüttelte und zerrte, um sie wenigstens ein paar Spalten breit zu öffnen. Es gelang ihr auch nach anfänglichen Schwierigkeiten, aber die Passagiere brauchten noch einige Bedenksekunden, bevor sie sich dazu entschlossen, den ungewissen Weg zum Flieger einzuschlagen.

Nach allem war die beste Ehefrau von allen beinahe überrascht, dass der Bus auf dem Weg zur Vorfeldposition keinen Unfall hatte. Auch der Flieger schaffte es ohne Zwischenfälle bis Frankreich. Nur unsere Rechner waren noch einen halben Tag lang non-op, um meiner Frau einen möglichst interessanten Einstieg in den Airliner-Alltag zu gewähren.

> *Wie es war im Anfang,*
> *so auch jetzt und alle Zeit*
> *und in Ewigkeit. Amen.*

…und noch zehn Seiten Bildung für Nicht-Airliner.

AG	Abkürzung für „Aircraft Generation". Hat nichts mit Aktiengesellschaften zu tun: Im AG erscheint lediglich der tägliche →Umlauf eines Flugzeugs.
Airline	So was wie die *Albatros* aus „Bernhard und Bianca".
ATB	Abk. für „Automated Ticket / Boarding Pass". Ein Flugschein ohne rote Schmiere hinten drauf, mit dem man sich selber am Automaten einchecken kann. Wird von →**Silberlingen** gerne in besagten Automaten vergessen.
Aussichtshügel	Krönender Abschluss einer Tagestour zum Airport. (→**Idiotenhügel**)
AVIH	Abk. für „Animal Vivant in Hold". Meistens die einzigen wirklich netten Passagiere an Bord. (Ein „A-MIH" wäre demnach ein „Animal Mort in Hold".)
Bag-ID	Abk. für „Gepäckidentifizierung". Wird von →*GelbschwanzAir*-Captains veranlasst, sobald ca. 75 Koffer mehr verladen sind, als auf dem →**Loadsheet** erfasst sind.
Boarding Control	Shredder für Bordkarten. Nachdem das Gerät die Bordkarte gefressen hat, merkt es sich die Nummer des eingestiegenen Gastes so lange, bis es ausfällt.

Bordcase	Silberling-Accessoire. Fassungsvermögen: 1 Klapprad oder 28 Aktenordner. In manche Bordcases passt mehr rein als in ein komplettes Overhead-Bin.
Bordkarte	Eine Art Umschlag, aus dem ältere Damen mit Vorliebe den Flugschein rausnehmen, um diesen in der Handtasche aufzuräumen.
Briefing	Meeting zwischen →**Supervisors** und Teamkollegen, in dem die wichtigsten Highlights, News und jede Menge Kuchen durchgekaut werden.
Bruin	Bayrisch für „Sehhilfe".
Catering-Zahlen	Geben an, wie viele Meals gecatert sind. Die Essenbeladung entspricht nicht immer ganz genau der Zahl der eingecheckten →**PAX**.
Check-in	Beinhaltet alles, was nötig ist, um einen Passagier auf unbestimmte Zeit von seinem Gepäck zu trennen.
Computer	Technisches Gerät zur Verkomplizierung unserer Arbeit.
Conny	Der einzige Gepäck-Lademeister am Airport, der bei seiner (und unserer) Arbeit voll durchblickt.
DH3	Ein kleines Flugzeugmuster. Die Haviland DHC Serie 300 wird von zwei Turboprop-Motoren angetrieben, die ungefähr soviel Krach machen wie 100 VW-Käfer. Auf manchen davon findet sich die Aufschrift „The Sound of Silence."

Dispo	Abk. für Disponent. In der →**Passage** gibt's zwei, die fürs Personal zuständig sind (→ **PDI**). Können während des Dienstes nur verbal mit Steinen werfen, da sie im Glaskasten sitzen.
Drehkreuz	Das, was München nie hätte werden dürfen. Im Drehkreuz werden Passagiere von internationalen Zubringern auf innerdeutsche Kurzstrecken geschaufelt, oder umgekehrt (→ **Interline**). Betrifft überwiegend Flüge der →*Gelbschwanz-Air*, die uns gerne mit so was nervt.
DRS	Abgek. „Deutsche Restaurant Schecks". Eine DRS-Karte hat einen etwas niedrigeren Kreditrahmen als eine Mastercard. (Gann nadirlisch ooch dr Dreiledder-Gööd für Drääsdn sein.)
Duty-free	Eine Art Ersatz-Lounge für Charterflieger.
E.D.	Abk. für „Estimated departure". Richtet sich hauptsächlich nach dem Wetter und der Laune des Kapitäns.
Endorsements	Kleine Kleberle auf dem Flugschein, die zwar nicht zweifelsfrei sagen können, auf welchen Flug der Passagier letztendlich gebucht ist, aber zumindest die ursprünglich gebuchte Flugnummer verdecken.
ETIX	Abk. für „Elektronisches Ticket". Lässt sich einfach einchecken, aber

169

	nicht immer wunschgemäß modifizieren.
Excess	→ **Übergepäck.**
FC	= Final Close: das theoretische „Rien ne va plus" am →Gate.
F-Class-Schalter	Der Schalter, wo es Begrüßungsfloskeln wie „Kann ich hier trotzdem?" hagelt.
Fenster	Das kleine Bullauge, das Charter-Gäste magisch anzieht. Auf Reisehöhe meist mit Eisblumen überzogen und undurchsichtig. Verursacht Genickstarre.
FIDS	Spezielle Rechneranwendung mit direktem Zugriff auf den Flughafenmonitor (Ankunft/Abflug). Hat mit Günther Fidsman nichts zu tun.
File	DIN-A4-Blatt, auf dem vermerkt wird, wie viele Gäste gebucht waren, wie viele tatsächlich eingestiegen sind, wie viele stehen geblieben sind und womit sie gedroht haben. Wird nach drei Monaten weggeworfen.
Flügel	Überflüssige Sichtbehinderung an Flugzeugen, meist seitlich angebracht.
FMG	Auch die Flughafen München GmbH hat einen Dreiletter-Code.
Gang	Platz, wo man die Beine so lange ausstrecken kann, bis die Stewardess mit ihrem Servierwagen dagegen scheppert.

Gate	Eine Art Pranger für Mitarbeiter der Passage. Das Gate ist da, wo's zum Flieger geht (deshalb spricht man's ja auf Englisch auch wie „geht" aus).
Gateway	Server zum Zentralrechner. Hat mit dem →**Gate** nichts zu tun.
Geduld	Bestandteil der Vorab-Ansage bei der späten London, die aus Athen kommt.
GelbschwanzAir	Eigenständige Charterfluggesellschaft mit ganz besonderer Klientel. Wird bei Unregelmäßigkeiten gern als „*Imbiss-Air*-Tochter" bezeichnet.
Goldjunge	Stammkunde, der so oft fliegt, dass er wegen der ständigen kosmischen Strahlung, die ihm durch das Blech unserer Airbusse ungebremst aufs Hirn brettert, von einer goldenen Aura umgeben ist. Sogar die MDM-FLIP in seiner Brieftasche ist vergoldet.
GOM	Mit dem Erstdruck des „Ground Operations Manual" testete Johannes Gutenberg seine Druckerpresse, bevor er sich an die Einheitsübersetzung der Heiligen Schrift wagte.
GPU	Eine Bewegung aus den Siebzigern, die der „Flower Power" Paroli bieten wollte: Die Jungs von der „Ground Power Unit" klebten sich keine Blumen, sondern bis zu 400 Herzen an die Lederjacken.

Guide	Berühmtes elektronisches Buch, das Werke wie die *Encyclopedia Galactica* der Universität von Maximegalon schon lange vom Markt verdrängt hat. Wird auch als Maske über unser →**Host**-Programm gelegt, um Neueinsteigern die Arbeit zu erleichtern.
Handgepäck	*Früher*: ein Gepäckstück, dessen Dimensionen gewisse Norm-Maße nicht überschreiten durfte.
	Heute: alles, was oben aufs →**Bordcase** drauf passt, bzw. auf den Handgepäckwagen einschließlich Bordcase.
Handy	Körperteil eines →**Silberlings.**
HKR	Abk. für „Handgepäck-Konturrahmen". Den Schmarren erkläre ich hier nicht noch mal: siehe „Zweckentfremdet".
IAD, LAX	Drei-Letter-Codes für Washington und L.A., also so was wie „MUC" für München oder „GRÜ" für Großgründling.
Idiotenhügel	Vgl. →**Aussichtshügel.**
ImbissAir	Deutsche Fluggesellschaft, die wegen ihres hervorragenden Caterings jedes Jahr mit dem heiß begehrten „Messer-und-Gabel-Emblem" auf dem Leitwerk ausgezeichnet wird.
Inbounds	Eine Liste aller durchabgefertigten Umsteiger auf einen bestimmten Flug. Beinhaltet Angaben über die Zeit, die dem Transitgast zum Um-

steigen zur Verfügung steht. Bei Werten ab „20 min" abwärts ist es ratsam, einen →**Supervisor** zur Stelle zu haben; bei Zahlen um die „- 5" sollte man sich spätestens zur Abflugzeit vom →**Gate** entfernen und die Flugscheine im Arbeitsraum zählen, um späte Konfrontationen zu vermeiden.

INF Vielfliegerstatus, der dem heranwachsenden → **Silberling** im Alter von 0 bis 24 Lebensmonaten verliehen wird. Bei der *GelbschwanzAir* sind in den vorderen drei Reihen schon bis zu 79 INFs gezählt worden.

Interline Ein Transferschalter im Abflugbereich. Wird mit Vorliebe von stressgebräunten Charterfliegern umschwärmt bzw. von irgendwelchen Schlümpfen, die eigentlich nur wissen wollen, wo's zum Klo oder zur *Germanischen InselAir* geht.

JWD Drei-Letter-Code für den „Far Out International Airport", der nur eineinhalb Autostunden von Middleofnowherea entfernt liegt.

LMC Abk. für „Last Minute Change". Meistens eine gewagte Untertreibung, über die sich besonders die →**Rampe** freut.

Loadsheet Englisch für „Ladeliste" oder so. Lieblingsdokument der →**OPS**ler.

Lounge	Spezialgehege für gewisse Spezies, die prophylaktisch von normalen PAXen isoliert werden. Beispiele sind →**Goldjungen**, →**Silberlinge**, →**VIPs** etc.
Mag-Lite	Keine Zigarettenmarke, sondern eine Stablampe im Totschläger-Format.
Manifestierer	Kollege, der so lange für den Flieger zuständig ist, bis der →**Supervisor** kommt.
MDM-FLIP	Kleines Plastikkärtchen zum Sammeln von Bonusmeilen, abgekürzt: „Mit Dienstmeilen fliege ich privat."
Mitteldienste	Tagesdienste, die wir mal lustlos und mal weniger gern arbeiten.
NICkerchen	Eigentlich „NIC": Abk. für „Initial Close". Bei der NIC-Transaktion wird der Flug für den allgemeinen →**Check-in** geschlossen und die Warteliste freigegeben; es entsteht also ein gewisses Sommerschlussverkaufs-Flair.
OPS	Abk. für Operations. Hat mit Chirurgie nichts zu tun: Bei OPS wird eigentlich nur rumgerechnet. Beliebtes Ausflugsziel für Passage-Lehrlinge.
Overhead-Bin	Englisch für Staufach, das sich über den Köpfen der Passagiere befindet. Einige unserer Vielflieger belegen pro Nase ein Overhead-Bin mit Beschlag, was auf eine durchschnittli-

che Anzahl von 2,5 Nasen pro →**Silberling** schließen lässt.

PAD

Abk. für „Passenger Available for Disembarkation". Diese Passagiere, die—auf Deutsch gesagt—zum Rausschmeißen zur Verfügung stehen, sind wir, wenn wir selber irgendwohin fliegen. Als Faustregel gilt: Je besser die →**Airline,** desto geringer die Chancen für ihre Mitarbeiter, sie zu nutzen.

Passage

Bereich, in dem es von →**PAXen,** →**AVIHs,** →**Silberlingen** und ähnlichen Subjekten wimmelt—also da, wo wir arbeiten.

PAX

Abk. für Paschaschier... Paschagier... Passa... Fluggast.

PDI

Abk. für Personal-Disponent. Hab ich weiter oben schon erklärt.

Peakzeit

Zieht Überfüllung von Luft- und Warteräumen nach sich. Beeindruckt stets aufs Neue als Ausrede bei Massenverspätungen.

PIL

Abk. für „Passenger Info List". Auf ihr sind alle Gäste vermerkt, die ein vegetarisches Essen bestellt haben oder Hilfe beim Umblättern der Zeitung brauchen. Wird mit den Abschlusspapieren an Bord gegeben.

POP, PUJ

Zwei Destinationen in der Dominikanischen Republik. Puerto Plata und Punta Cana werden unter anderem von der →*GelbschwanzAir* angeflogen, die dort demnächst ein völlig neues Fluggerät einsetzen will: eine 300m lange und 1,80m dicke Boeing 70007 mit 350 Fensterplätzen.

1700 kg   Standard-Spritmenge bei der *Air Dollemutti*, die täglich bei 24 unterschiedlichen Abflügen zu unterschiedlichen Destinationen errechnet wird (nach jeweils 5 Minuten angestrengter Gehirnakrobatik des Flugzeugführers)

Silberling   Stammkunde, der auf Geschäftskosten öfters mit *ImbissAir* fliegt (Vorstufe zum → **Goldjungen**). Zeichnet sich durch kleine graue Vielfliegerkarte, kleine graue Zellenmasse, Handy, Pilotenköfferchen, 20 kg schweren Kleidersack, hohen Blutdruck und Profilneurose aus. Beliebteste Freizeitbeschäftigungen: Golf, Beschwerdebriefe, Blättern in der Financial Times.

Station   In diesem Fall: Einsatzsteuerung. Schiebt Verspätungen irgendwelchen Zuständigen in die Schuhe.

Supervisor   Team- oder Hallenchef. Zeichnet sich durch Bündelfunk und lose eingesteckte Zettelsammlungen aus. Ist für alles ein bisschen mehr verantwortlich als wir.

Markus Koenig
Intelligenzbestien

Mission Orca

372 Seiten, Softcover
ISBN 3-935192-56-8

Der Ozean.
Unendliche Weiten…
Und Tiefen von bis zu
zehn Kilometer.
Ein Ort voller
Geheimnisse und
rätselhafter Wesen.
Manche leuchten im
Dunkeln, machen
Ultraschallmusik oder
haben Augen, aber kein
Gehirn. Andere machen
in den Ferien
Stadtbesichtigungen…

Eine Welt, die man einfach kennen lernen *muss*.

Und wenn man nicht die nötige Menge an Flossen mitbringt – bitte, wer sagt, dass man sich die nicht besorgen kann?

Mission Orca ist ein Science-Fiction-Roman voller Abenteuer, extrem hoher Töne, aufregender Reisen und intelligenter Bestien.

Gryphon
Die Lektüre mit dem Greif

Johannes Bollen

Müller ist weg!

230 Seiten, Softcover, s/w. Illustrationen
ISBN 3-935192-61-4

Vorsicht! Dies ist ein skandalöses Buch! – Oder ist es
etwa kein Skandal, wenn die Kirche ihre lärmenden
Glocken ausgerechnet am Sonntagmorgen ertönen
lässt? Wenn die gesellschaftlich ohnehin diskriminier-
ten Verbrecher auch noch Steuern zahlen müssen?
Wenn der Rundfunkreporter beim spannenden Fuß-
ballmatch den aktuellen Spielstand verschweigt?

Dieses Buch bitte niemals verleihen!
Die anderen sollen es gefälligst selbst kaufen.

Gryphon
Die Lektüre mit dem Greif